书山有路勤为径，优质资源伴你行
注册世纪波学院会员，享精品图书增值服务

高效精进 的 七个原则

在你的领域内成为专家

[美]

凯利·帕尔默
Kelly Palmer

大卫·布莱克
David Blake

著

吕乐娣　陈　劲
林仁勇　洪芳芳

译

电子工业出版社
Publishing House of Electronics Industry
北京·BEIJING

The Expertise Economy: How the smartest companies use learning to engage, compete, and succeed by Kelly Palmer, David Blake

ISBN: 9781473677005

Copyright © Kelly Palmer, David Blake, 2018

Simplified Chinese translation edition copyrights © 2025 by Publishing House of Electronics Industry Co., Ltd.

All rights reserved.

本书简体中文字版经由 NB Limited 授权电子工业出版社独家出版发行。未经书面许可，不得以任何方式抄袭、复制或节录本书中的任何内容。

版权贸易合同登记号　图字：01-2020-2017

图书在版编目（CIP）数据

高效精进的七个原则：在你的领域内成为专家 / （美）凯利·帕尔默（Kelly Palmer），（美）大卫·布莱克（David Blake）著；吕乐娣等译. -- 北京：电子工业出版社，2025. 10（2025.11重印）. -- ISBN 978-7-121-50918-6

Ⅰ. C93

中国国家版本馆CIP数据核字第2025J2A591号

责任编辑：刘琳琳
印　　刷：河北虎彩印刷有限公司
装　　订：河北虎彩印刷有限公司
出版发行：电子工业出版社
　　　　　北京市海淀区万寿路173信箱　邮编：100036
开　　本：880×1230　1/32　印张：9.5　字数：202千字
版　　次：2025年10月第1版
印　　次：2025年11月第2次印刷
定　　价：68.00元

凡所购买电子工业出版社图书有缺损问题，请向购买书店调换。若书店售缺，请与本社发行部联系，联系及邮购电话：（010）88254888，88258888。

质量投诉请发邮件至zlts@phei.com.cn，盗版侵权举报请发邮件至dbqq@phei.com.cn。

本书咨询联系方式：（010）88254199，sjb@phei.com.cn。

本译著的翻译和出版得到利欧集团博士后项目、台州市哲学社会科学规划"三台新秀"专项课题（25GHQ07）、台州学院温岭研究院共性攻关项目（YYZ2025003）的资助。

赞　誉

　　面对数字时代的需求变化具有高度不确定性，组织的能力如何快速进化与迭代，越来越依赖于组织的学习能力。相信本书提出的原则和方法论，对所有企业都会有启发。

——安筱鹏

中国信息化百人会执行委员，阿里研究院副院长

　　时代需要学习动机强、学习敏锐度高的专家人才。通过高效能的学习发展体系激发和支持学习型人才发展，是企业获得持续竞争优势的必备条件，也是企业创造社会价值的必然选择。利用学习科学提升学习效能，是值得每个企业持续关注和投资的领域，两位作者从理论和实践上给出了非常系统和实用的诠释。

——伍晖

创新与人才独立研究者、百度原副总裁

任何行业的衰败都有一个过程，不可能一夜崩塌。面对波谲云诡的未来形势，凯利和大卫强调了必须利用学习保持竞争力的重要性。

——克莱顿·克里斯坦森（Clayton Christensen）

哈佛商学院教授，《创新者的窘境》的作者

在工作中尝试新的学习曲线，对于越来越多的员工来说，是机会，也是一种内在的职业价值；而对于那些想要保持竞争力、想要领先市场的企业来说，是当务之急，也必须如此。《高效精进的七个原则》为领导者提供了一个框架，前瞻其员工和组织的技能。

——惠特尼·约翰逊（Whitney Johnson）

Thinkers50管理思想家之一，《颠覆式成长》的作者

众所周知，在以外包、自动化为主的经济中，学习成为一种竞争优势，但更重要的是，接下来该怎么做呢？凯利·帕尔默和大卫·布莱克在《高效精进的七个原则》一书中提出了颇具说服力的见解：公司在塑造未来学习方面影响重大。这本优秀的著作基于数据提供了实用的策略，能够帮助首席执行官以及其他商业领袖们改革创新。

——丹尼尔·平克（Daniel H. Pink）

《时机管理》和《驱动力》的作者

这本书无与伦比地精彩、适时、意义深远，揭开了过去理论学习的面纱！

——肖恩·柯维（Sean Covey）

富兰克林·柯维教育集团总裁

《高效精进的七个原则》一书清晰地展现了技能在业界的重要性。对大多数公司来说，了解员工拥有的技能、急需的技能，以及他们在学习新技能方面的敏捷性，有助于公司在未来的竞争中占据巨大优势。

——南希·杜瓦特（Nancy Duarte）

杜瓦特公司首席执行官，《视觉沟通的法则》的作者

凯利·帕尔默和大卫·布莱克在《高效精进的七个原则》一书中阐述了令人信服的观点，他们解释了公司应该把学习作为其战略核心部分的原因，并提出如何使学习最优化。身处经济快速转型阶段，我们应该听从他们的号召。

——迈克尔·霍恩（Michael Horn）

高等教育行业Entangled Group首席战略官，

《混合式学习》的合著者

关于学习如何使个人和组织在快速变化的世界中蓬勃发展，本书提出了适时的、适宜的和适用的洞见。任何想要获取学习秘籍的员工或者企业，都应该琢磨这些真知灼见，掌握这些规律。

——戴夫·乌利齐（Dave Ulrich）

罗斯商学院合伙人，畅销书作家，

世界顶尖的商业思想家之一

对于企业来说，应对第四次工业革命带来的挑战，培养和建立一支高质量的全球员工队伍是至关重要的。那么，所有关心员工和组织未来的人，都应该读一读《高效精进的七个原则》一书。

——尼克·范·达姆（Nick van Dam）

麦肯锡公司合伙人、首席学习官，

宾尼法尼亚大学奈罗德分校教授，

西班牙IE大学教授，儿童网络学习基金会创始人

学习一直是世界顶尖公司的秘密武器之一。凯利和大卫成功揭开了学习的神秘面纱，采取何种措施使学习成为公司的竞争优势，凯利和大卫提出了有针对性的建议。

——乔希·伯尔辛（Josh Bersin）

德勤咨询公司（旗下的伯尔辛）行业分析师和创始人

《高效精进的七个原则》表明，企业可以利用学习和技能的关键性、差异化优势，在竞争中保持领先地位，并通过学习从根本上跨越技能差距的鸿沟。

——杰米·卡萨普（Jaime Casap）

谷歌全球教育推广者

《高效精进的七个原则》是商业书籍中的独角兽。它提出了一个既人性化又商业化的推论——以整合运作的方式缩小技能差距，并且建议大学、公司和个人进行合作以应对未来的职场需求。

——珍妮·迈斯特（Jeanne Meister）

《2020年的工作场所以及未来的工作经验》的合著者

技术变革意味着劳动力技能对企业的成功更加重要。这是一本富有洞察力和说服力的书，展示了利用技术来识别、呈现以及衡量个人成长所需技能的办法。技术革命将改变企业的学习方式，而这本书将会告诉你如何应变。这是一本培养智慧员工的书。

——安德鲁·斯科特（Andrew Scott）

伦敦商学院经济学教授，《百岁人生》的合著者身处这个瞬息万变的时代，在全球范围内，尤其是印度，敏捷性学习能力是唯一安身立命之本。《高效精进的七个原则》是全球商业领袖持续学习的行动指南，也是引领全球商业的权威指南。

——安饶（An Rao）

科尼赞特学院全球主管

这归根结底就是生存问题。当想到工作、技能、未来的职业、科技的冲击时，我们需要问问自己是否真的准备好在一个未知的世界里生存。这需要付出什么样的代价呢？《高效精进的七个原则》为领导者提供了应对未来考验的答案——员工和组织的技能。这本书值得一读！

——埃斯特·马丁内斯（Ester Martinez）

《大众传媒》杂志首席执行官兼总编辑

在《高效精进的七个原则》一书中，凯利·帕尔默和大卫·布莱克敏锐地捕捉到这一现实：学习不再是一个阶段性的事情，从"人类幼崽"到耄耋老人，我们需要终身学习；技能培训是永无止境的，专业技能是一种重要的、不断演变的劳动力资本。思想亟待成熟的首席执行官们，必须加快适应崭新的现实，你可以从这本及时且有远见的书中学到很多东西。

——黛博拉·夸左（Deborah Quazzo）

亚利桑那州立大学（GSV）基金管理合伙人，

ASU GSV峰会联合创始人

译者序

重构认知边界：人工智能时代的学习革命

在新一轮科技革命和产业变革中，制造强国与智能制造战略的深入推进成为国家发展的主攻方向。我们也深刻感受到科技创新与产业创新协同发展的紧迫性和重要性。新质生产力中的技术创新由工序效率提升转变为产业链价值再造，如何激发产业专家的创新意识，培养出懂技术、会创新的产业专家队伍，已成为建设制造强国、促进经济发展的关键问题。《高效精进的七个原则》这本书所倡导的正是通过个性化学习激活高度情境化的专业性知识，从而形成制造业创新的核心基底。

《高效精进的七个原则》的作者是两位极具洞察力的学者，凯利和大卫深入研究了在知识爆炸的时代，人们如何通过"学习"成为推动经济发展的核心力量。他们将"专家"重新定义为持续输出稀缺性解决方案的人才。书中指出，随着全球化的深入和科技的飞速进步，市场竞争日益激烈，企业和组织对专业知识和技能的需求达到了前所未有的高度。要成为专家型员工，必须能够运用其独特的知识体系，为企业提供精准的决策支持、高效的解决方案和创新的发展思路，从而帮助企业在激烈的市场竞争中脱颖而出。该书通过大量案例访谈研究创新企业的成长轨迹，并将这个过程中的收获进行了总结和提炼。此外，《高效精进的七个原则》还强调了专家网络的重要性。在知识经济时代，单打独斗的专家很难充分发挥其价值，而通过构建专家网络，不同领域、不同专业的专家可以实现知识共享、协同创新，形成强大的创新合力。这也是我一直都在做的。每年大大小小的创新论坛，无论是担任大会主席，还是演讲嘉宾，我都在积极构建专家网络平台。这种专家网络不仅能够促进知识的传播和应用，还能够加速创新的进程，为经济发展注入新的活力。

在我看来，当前科技创新已经成为企业发展的核心驱动力，尤其是全面推进的新质生产力对科技创新的引领作用提出了更高要求。在算法驱动效率、人工智能重构产业边界的今天，世界正经历一场无声的认知革命。在参与众多科技创新与产业创新相关的学术研究、论坛交流以及企业咨询项目的过程中，我深刻感受到创新人才的重要性日益凸显。我在今年初接受《中国经济时报》访谈时，也毫不避讳地指出，当前企业创

新人才匮乏，在一定程度上制约了科技创新与产业创新的深度
融合。我认为，《高效精进的七个原则》的翻译与出版恰逢其
时。这本书为指导我们如何成为科技创新队伍中的重要力量，
提供了理论支持和实践指导。

我希望通过翻译《高效精进的七个原则》这本书，为国内
的学者、企业员工、企业管理者以及政府决策者提供有益的参
考和借鉴。对于学者而言，这本书能够丰富知识经济领域的研
究内容，拓展研究视野，为相关理论研究提供新的思路和方
法，尤其是如何在海量的知识里攻克内容过载；对于企业员工
来说，需要提升自己的"技商"，为自己制定个性化的学习策
略，从而缩短和他人的技能差距；对于企业管理者来说，书中
所阐述的高效精进的七个原则理念和实践案例，能够帮助他们
更好地认识和利用专家资源，将学习纳入公司战略并成为竞争
优势，整合众多最先进的学习生态系统，培养出既懂科学研究
又精通产业实践的复合型人才，为科技与产业的深度融合提供
智力支撑；对于政府决策者而言，了解高效精进的七个原则的
规律，有助于制定更加科学合理的产业政策和人才政策，建立
科技界与产业界人才流动的"双开门"机制，营造更好的人才
发展环境。

最后，感谢电子工业出版社的信任以及刘琳琳老师的帮助和支持，对该书顺利面世至关重要。我们倾尽所能来减少翻译的错误，但难免百密一疏，望广大读者朋友们批评指正。

清华大学技术创新研究中心主任

清华大学经济管理学院教授、博士生导师

《清华管理评论》执行主编

2025年8月于北京

献给我的孩子卡梅伦，他为我带来每一天的新鲜灵感。

致我的母亲，由衷感谢她一直以来的默默支持。

凯利·帕尔默（Kelly Palmer）

2018年于旧金山

作者简介

凯利·帕尔默（Kelly Palmer）一直以改变世界的学习方式为自己的使命。作为学习、商业和职业发展领域知名的思想领袖，她加盟了终身学习平台Degreed执行团队，曾任领英（LinkedIn）的首席学习官、雅虎的公司学习副总裁，以及太阳微系统公司（Sun Microsystems）学习、并购和产品开发等部门的高管。凯利活跃在世界各地的商业活动上，她的文章被《大思想》（*Big Think*）、《福布斯》（*Forbes*）和《首席学习官》（*Chief Learning Officer*）等报刊刊载。她拥有英语和传播学文学学士学位，以及成人学习与教育技术的科学硕士学位。加利福尼亚州旧金山市是她的常驻地。

大卫·布莱克（David Blake）始终坚持强调终身学习的重要性，他的整个职业生涯都致力于高等教育改革和对终身学习的创新，他也是Degreed的联合创始人之一和执行总裁。大卫在一所新创的以能力为基础的公办大学担任过顾问，是梓驰网（Zinch）（后被齐格网收购）的创始团队成员之一，是"美国援教"机构（Teach for America）和新学校创投基金会（New Schools Venture Fund）联合创建的斯坦福大学设计学院研究室排名前25名的教育科技企业家之一。大卫在未来学习和工作领域颇有建树，曾在谷歌、德勤（Deloitte）和赛富时（Salesforce）等世界知名公司以及全球论坛上发表演讲。

目　录

引 言 **001**

你为职业生涯做好准备了吗? 003

一流企业推动持续精进............................005

让员工持续精进是商业策略........................006

培养"专家型"人才................................008

第1章　我们应该如何精进 **015**

精进的科学..017

精进的谬论..020

精进的真理..021

学得快不等于聪明................................023

精进动机的重要性................................024

精进的意义和目标驱动的精进 027

精进成长型思维模式是一种竞争优势............031

坚毅和韧性 032

理解学以致用 034

精进不止于培训 035

精进循环简图 037

"自我反思"提高情商 040

精进中的脆弱性 041

帮助员工精进和获得专业技能的五个步骤 042

第2章　让精进成为竞争优势 047

精进的力量 049

培养正确的精进文化 051

要拼搏，要有趣 053

维护公司的精进文化 055

文化的引领原则 057

衰败的公司文化 059

不同类型的精进文化 060

利用Degreed平台建立持续精进文化 063

如何营造精进文化 066

控制的错觉 068

新雇佣关系 072

如何营造持续精进文化 074

第3章　提倡个性化精进..................................**079**

过时的标准 081

没有所谓的"平均" 082

标准的职业路径 083

从经验中汲取知识 084

个性化的教育方式 086

支持个性化精进 089

精进敏捷性 092

"Brilliant"的个性化精进理念 097

个性化精进的技术 098

如何进行个性化精进 099

第4章　攻克内容过载 **103**

需求瞬息万变 105

靠知识付费精进 106

可汗学院 109

"翻转课堂" 111

可汗学院公司化 112

大型在线开放课程（MOOC） 113

学习内容库 116

微精进 117

精进清单 119

AI参与设计的精进清单 121

制定数字化精进策略 123

帮助茫然的精进者 127

第5章　同伴互动精进 **133**

为什么精进不能和快餐一样"菜单化" 135

缩小代沟 136

同伴互动精进的过程 138

自我反思能力 140

批判性思维能力 140

给予和接受建设性反馈 141

领英的同伴互动精进 143

建立一个安全的同伴互动精进环境 147

建立同伴认可制度 151

MBA和同伴互动精进 152

聚会式精进 156

同伴互动精进的关键技能 158

建立一个成功的同伴互动精进环境 163

第6章　采用正确的精进技术 **165**

打造"大脑的自行车" 167

探索或建立职业目标 169

有目标地工作 172

为什么首席执行官和公司应该关心目标 176

了解员工拥有的和急需的技能 177

实践你的技能 183

团队合作解决业务问题 189

公司文化和技术的关系 194

建立精进的生态系统 195

如何创建精进的生态系统 196

第7章　善用数据和洞察力分析技能 **199**

将公司精进看作一项业务 202

衡量精进分析模型的重要性 206

错误的数据会致命 218

在公司讲述精进故事 219

第8章　让专业技能体现价值 **221**

培养国家所需技能 224

公司培养相关技能 225

专注于技能和优化技能的员工 229

雇佣惯例：从传统招聘到以技能为主 232

公司是劳动力市场 235

技能是一种硬通货 236

学位+证书+作品集 238

技能让群体智慧发挥更大的能量 239

技能的衡量 241

技能商数（SQ） 243

如何使用技商 247

小结 252

结语　未来已来 **253**

引　言

2010年，上市28年的太阳微系统公司从纳斯达克证券交易所退市。10年前，它还是计算机行业的"泰坦尼克号"，与惠普（HP）、IBM和微软（Microsoft）有过正面交锋，在当时处于领先地位。太阳微系统公司生产的计算机和软件占据大量市场，覆盖纽约证券交易所、一些大型的金融机构和大多数航空公司。太阳微系统公司最早开发的编程语言Java，目前仍被全球软件开发者广泛使用。2001年的股灾摧毁了数以百计的互联网和计算机公司，但无论是分析师还是太阳微系统公司的近40000名员工，都没有预料到太阳微系统公司会彻底崩盘，其股价在一年内暴跌，市值缩水75%。最后，甲骨文（Oracle）以74亿美元的价格收购了太阳微系统公司。而两年前，太阳微系统公司估值650亿美元。

脸书（Facebook）接手了太阳微系统公司位于硅谷的园区，并将太阳微系统公司的标识保留在其标牌的后面，以此来提醒人们，如果不能迅速反应，后果不堪设想。不只是太阳微系统公司如此，还有其他一些公司在遭受冲击后，几年之内纷纷破产。Innosight发布的《公司寿命预测（2018）》显示，按照目前的客户流失率，在接下来的10年里，标准普尔500指数涵盖的公司中50%左右将会被淘汰。那些拒绝变革、忽视数字颠覆、不注重学习新技能和提升员工素质的公司，难逃厄运。

劳动力市场正在经历一场大规模的转变——就如同从农

业经济到工业革命的转变一样。我们正处于数字化、自动化和发展加速的时代，在这种经济形势下，关键技能和专业知识是我们立于不败之地的必要武器。

麦肯锡全球研究所（McKinsey Global Institute）2018年的一份报告指出："每一个经济体，特别是发达经济体，重新培训和重新调配大量处于职业中期的中生代员工，将会是企业面临的挑战。"

回顾历史，不难发现，我们经历的劳动力产业升级只有短短几十年，还未达数百年。这是一片尚未开垦的处女地，特别是在变革的速度方面——"几乎没有对这么多人进行再培训的社会先例。"

你为职业生涯做好准备了吗？

员工并没有为即将到来的颠覆做到未雨绸缪。麦肯锡的一份研究报告详细阐述了这一观点："62%的管理者认为，由于自动化和数字化的推进，他们将要重新培训或更换超过四分之一的员工。"如果首席执行官和商业领袖们指望靠公司的"招揽"战略来吸引专精技能的人才，可能会大失所望。即使最顶尖的大学培养出来的毕业生，也越来越不能满足招聘公告上的技能要求。

研究还指出，无论是公司还是毕业生都感到茫然：82%的雇主表示空缺职位很难填补；与此同时，83%的毕业生就业困难，62%的学生认为找工作"令人沮丧"或"非常沮丧"。更麻烦的是，有时候管理者发现，他们雇用的应届毕业生完全不能胜任工作，更别说在工作中游刃有余了，尤其在当下充满挑战和快速变化的环境中。一些毕业生拥有市场营销专业的本科或硕士学位，但对制订营销计划一筹莫展，他们不会使用最新的社交媒体工具完成工作；有些MBA毕业生甚至看不懂财务报表。而且，雇主总是能看到这样的现象，各个专业的毕业生，无论是面对面交流还是书面沟通，效果都差强人意。

不只是大学毕业生缺乏关键技能，在劳动力大军中，那些已经工作了数十年的人往往也缺乏在工作中取得成功的必备技能。今天，成功的关键技能包括学习敏捷性（快速学习新事物的能力）、协作与团队合作精神、意志力、好奇心和质疑力。如果你没有为未来做准备，没有坚持学习，不努力跟上世界变化的节奏，你就很难保持竞争力，甚至会失去原有的竞争力。当你毕业时，取得了四年制学位，你认为有了安全感，已经学会了需要掌握的一切，足以应付整个职业生涯。事实上，这种所谓的"安全感"已经不复存在了。

& 一流企业推动持续精进

虽然政府在推动技能项目方面力度很大，但还是需要公司及其领导人贯彻落实。博思艾伦咨询公司（Booz Allen Hamilton）的霍拉西奥·罗赞斯基（Horacio Rozanski）和美国电话电报公司（AT&T）的兰德尔·斯蒂芬森（Randall Stephenson）等——这些首席执行官们经常反省："我们是否具备行业制胜所需的技能？"与此同时，他们通过制定持续精进的策略，确保员工不断提升技能。正如斯蒂芬森在接受《纽约时报》（*New York Times*）采访时所说："你需要重整旗鼓，而不是懈怠下来，停止学习。"他还补充道，那些每周花在精进上的时间少于合理时间5~10小时的人"将随着科技的发展自我淘汰"。精进的方式有很多种，包括看文章和书籍、听播客、看视频等。人们真正所需要的学习量远超想象，但并不一定都归类为狭义的学习。这些我们将在本书后面讨论。

毋庸置疑，对公司而言，员工拥有专精技能更能帮助公司取得成功。但问题是，许多商界"大牛"们似乎并没有洞察问题的关键所在。有多少首席执行官知道自己是否具备公司所需的技能？有多少管理者和领导者真正知道他们团队中的人拥有哪些技能？有多少员工对自己拥有的技能以及未来急需的技能有清晰的认识？图0-1说明了当今管理者和员工应该提出的问题。

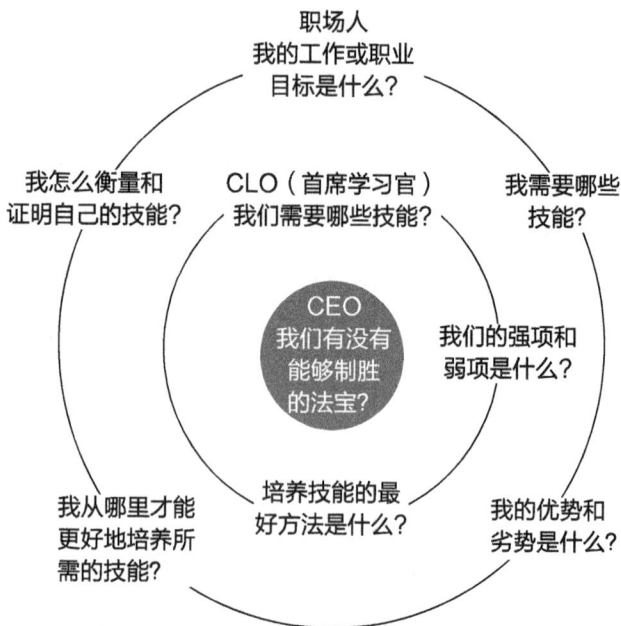

职场人
我的工作或职业
目标是什么？

我怎么衡量和
证明自己的技能？

CLO（首席学习官）
我们需要哪些技能？

我需要哪些
技能？

CEO
我们有没有
能够制胜
的法宝？

我们的强项和
弱项是什么？

我从哪里才能
更好地培养所
需的技能？

培养技能的最
好方法是什么？

我的优势和
劣势是什么？

图0-1 管理者和员工应该问的问题

让员工持续精进是商业策略

最具前瞻性的公司正在积极主动地适应员工的变化。在大量劳动力升级期间，我们有一些时间来适应这些变化，但

是适应的时间已经缩短。一些公司面对市场的变化百思不得
其解，但数字化颠覆确实已经发展了几十年，它不再是未来
的事情了——它就发生在当下。

专业技能对个人和公司的成功，从来没有像今天这样重
要。联合利华（Unilever）、美国银行（Bank of America）和
爱彼迎（Airbnb）这样的公司都在积极考虑提升员工的技能和
专业知识水平。这些公司及其CEO都处在数字化转型的浪潮
中，他们意识到针对劳动力的再培训和技能提升至关重要。金
融服务公司维萨（Visa）嗅到了提高员工技能的紧迫性和战略
意义，公司的学习职能从人力资源部转移到了公司战略部。这
意味着，比起仅仅安排员工去接受训练，对员工的"继续教
育"策略更具战略意义。其他公司也正在创建数字化转型部
门，并将学习和"继续教育"作为战略的一部分。这些公司正
在寻求转变以应对劳动力的变化，不再墨守成规。

联合利华CLO蒂姆·蒙登（Tim Munden）正在制定一项
战略，在全球范围内提升和培训超过16.1万名员工。这项战略
不只是学习战略的一部分，更是作为公司整体数字化转型战略
中的重要部分。这不仅是一个学习项目，还是一个商业策略。
蒙登认为：

"在21世纪，技能完全被颠覆。当组织成为网络——人际网络时，它不仅是员工的网络，也是公司内外人员的网络——技能是连接人际网络的基础。人际网络的构成围绕着三个问题：一个人能做什么？我们雇用他人是因为他们能做什么？他们工作的目的是什么？"

可持续竞争战略的关键是开发员工技能的速度能跟上市场变化的速度。我们需要掌握最新技能和迅速开发新技能的员工。没有人确切知道未来需要什么技能，所以我们也需要转换学习和技能开发的思路。这意味着公司需要为员工营造一个持续学习新技能的环境：紧跟不断变化的形势，提升技能和"继续教育"。公司鼓励员工每天学习——学习应该融入他们现有的工作中，而不是与工作脱节。

培养"专家型"人才

在培养员工技能方面，公司过去的学习方法已很难奏效。主动学习新技能、获取专业知识的员工通常是自主学习者。这意味着，员工在任何地方都能持续学习，但公司却无法知晓员工学习的内容、获取的技能以及他们如何为未来的职业生涯做准备。员工做出如此行为也是为了生存——他们也希望在工作中保持专业。

员工队伍中已有很多专家，但我们所关注的不局限于那些数据科学家、区块链大师或人工智能工程师，可能是工程部的一位女职员，她擅长起草复杂的项目计划，并能督促大家按时完成项目；或是一位行政助理，他擅长使用系统快速获取紧急采购订单；或是一位可称为行家的软件工程师，其他工程师经常向他寻求建议并给予高度评价；或是一位销售人员，他懂得如何讲述最引人入胜的产品故事并能配以精彩的演示；或是一位精通PowerPoint演示文稿的员工——其他员工制作演示文稿遇到困难时，第一个想到的人。

这些"专家"约占员工总数的80%，他们并非企业培养的管理者或领导者，他们必须自行解决专业技术发展的问题，以及技能与知识获取的问题。在对特定技能或特殊兴趣的热爱及好奇心的驱使下，他们发现了自己未曾知晓的新事物。他们通过观看或阅读视频、博客、网络课程、面授课程、书籍等形式的学习来弥补自己的技能短板，并将学到的知识应用到工作中直至真正掌握。如果他们足够幸运，会获得某位老师或老板的指导，但通常情况并非如此理想。

毫无疑问，这些能快速学习、自我驱动的专家型员工对公司的成功至关重要，企业需要培养他们不断获取新技能的能力。若想保持真正的竞争优势（壮大企业人才库），你需要重点培养新的专家，帮助团队每一名成员缩短与他人的个人技能差距及掌握专业技术，鼓励员工"掌控"自己的专业发展。最有效的领导者不是命令员工如何学习及学习某种技能，而是启发员工探索个性化的学习内容、学习方式。人类通常是极为复杂的、有独特自主性的、难以预测的，我们应弘扬并尊重这一点，但我们的公司却经常"一刀切"。

学习是复杂且烦琐的。在员工的学习过程中仅表示支持是不够的，还必须为员工创造适宜的环境，帮助他们掌握学习的内容和方式。本书的后面部分将向你阐释如何做到这一点。

首先，我们将回顾关于"人类究竟如何学习"的最新科学研究。为了自己的商业发展及员工的职业生涯，若你想帮助员工保持竞争力，你需要更多地了解能激励员工的因素以及员工如何获取专业技能。为此，我们提供七条指导原则，帮助你培养对公司现在及未来的成功都至关重要的员工技能。

让精进成为竞争优势。企业文化在帮助员工培养技能上发挥着至关重要的作用。将学习纳入公司整体战略，营造员工喜闻乐见的企业文化，这样的公司竞争优势明显增大。塑造此种行为模式的首席执行官们和商界领袖有更多强大的追随者。以学习为先导、以投资未来发展为核心价值观的企业，才能吸引最优秀的人才。

提倡个性化精进。技术使个性化学习成为可能，技术还是帮助员工整合学习与工作的关键因素。人们想学习能够帮助他们成功的技能，所以不要把他们的时间浪费在无意义的事情上。个性化学习使公司每位员工都能通过学习获得解决业务问题的技能。我们将在后面讨论人工智能和机器学习是如何帮助员工创建个性化学习档案、规划个性化技能发展和个性化职业生涯的。

攻克内容过载。我们从生活中的各种资源中学习。我们已经从一个知识匮乏的世界进步到一个知识丰富的世界。优质的学习内容虽然无处不在，但通常难以归类。我们将讨论利用课程、会议、证书、书籍、播客、网站、经验、期刊和文章等资源以获取专业知识的策略。我们还将讨论内容导航和机器学习导航内容，帮助员工了解他们需要哪些内容及何时需要这些内容。

同伴互动精进。人类乐于向人求教，却不太关注如何向同事请教。掌握某种技能的同事拥有丰富的知识和经验。关于如何挖掘知识和经验，本章提供一些策略，使所有员工都能互相学习并知晓同事的实力。

采用正确的精进技术。科技助力创新，科技使学习和获取技能的创新成为可能。在第6章中，我们将重点介绍一些教育技术公司，以及这些公司开创的学习方法和具有创新性的员工的学习方法，将学习者置于学习生态系统的中心。我们还将讨论一些最具前瞻性的公司，了解这些公司如何创造性地整合众多先进技术的学习生态系统，从而获得成功。

善用数据和洞察力分析技能。技术学习、数据搜索和网络分析衍生了员工学习内容和学习方式的大量数据。在制定员工技能培训的策略时，数据利用至关重要。我们将讨论利用数据了解员工拥有何种技能、需要何种技能及如何缩短技能差距的先进方法。我们还将讨论未来工作场合所需的关键技能，以及如何帮助拥有新技能和专业知识的员工在公司中斩获机遇。

赋予专业技能价值。计算员工的技能商数（SQ）是了解员工拥有何种技能及其需要何种技能的好方法，如此便可知晓员工获取职业技能需要怎样的努力。对于将员工视为劳动力的公司而言，技能商数亦是很有价值的工具——技能等同于货币。想象一下，如果你手边有这些数据，你将做些什么。我们将提供一些有用的案例，介绍如何将技能商数应用于内部和外部招聘、技能培训、晋升、导师制和技能量表。

相较以往任何时代，当今时代都有更多的工具、内容和技术帮助你的员工成为专家。首先，在人才培训上采取一种新的思维方式，将人才技能看成最重要的资源，这是成功的关键。其次，将员工看作复杂而独特的个体，相信他们能自主学习并掌控自己的职业生涯。最后，我们要敢于摒弃工作场合过时的技能和传统方法并弥补差距，敢于接受专业技能经济领域新的挑战。

第 1 章

我们应该如何精进

为了帮助人们成为专家——帮助他们获取知识，培养技能并成为终身学习者，了解成年人最佳的学习方式至关重要。如今，我们比以往任何时候都更了解人的大脑如何工作，以及人如何最有效地学习——无论是努力获取新知识、培养新技能还是改变一种习惯。举例来说，我们知道人对动词的记忆易于名词。当重复四次时，记忆的效果要好十倍。

在本章中，我们以通俗易懂的方式介绍成人学习理论，并探讨学习科学和动机科学的最新发现。我们深入研究成长型思维方式和固定型思维方式，探究目标与学习之间的关系。我们还将讨论有关大脑的知识以及神经科学中可借鉴的相关内容，同时揭示当今普遍存在的误解。当然，韧性在人成为专家方面起着重要作用——我们将研究人经历挫折和冒险、失败后仍然能够坚持不懈的原因，以及人如何从错误中吸取教训并突破个人极限的科学方法。

最后，我们在现有科学研究的基础上深刻解读当前公司学习方法的最新进展。例如，你的公司是否主要使用讲稿和PowerPoint演示文稿这样的讲座培训方式呢？你的公司是否因为只注重规范培训而扼制了员工的学习动力呢？你是否武断地规定你的员工应学习何种知识，而不是给予他们一定的自主权去选择呢？这些做法并不合理。接下来，我们将向你解释原因，并告诉你如何运用心理学和学习科学来帮助你的员工学习和培养技能，直到他们成为真正的专家，这些关系到公司成功与否。

精进的科学

令人惊讶的是，越来越多的公司并未利用学习科学的相关理论来帮助员工学习和培养技能。布罗·萨克斯伯格（Bror Saxberg）的职业生涯一直专注于学习科学，并鼓动众多像他一样的"学习工程师"加入公司。萨克斯伯格现任"陈-扎克伯格倡议"基金会（Chan-Zuckerberg Initiative，CZI）的学习科学副总裁，指挥着最具前瞻性的学习科学战略。CZI由普莉希拉·陈（Priscilla Chan）和马克·扎克伯格（Mark Zuckerberg）创立，是一家致力于促进机会平等和激发人类潜能的慈善投资组织。教育是其支持的基础产业之一。学习工程师帮助公司理解学习背后的科学，是发挥员工最大潜力的推手。

萨克斯伯格坚持认为，在某种程度上，研究学习科学就是他的职业。20世纪70年代末，他在华盛顿大学学习数学和电气工程，在暑假寻找兼职的时候，正好他的亲戚朋友认识一个在喷气推进实验室（JPL）工作的人，故他得以进入美国航空航天局（NASA）的通信研究工作岗位实习。第二年夏天，他又被邀请回来工作，并且可以自行选择一个有意义的项目进行研究。

萨克斯伯格设计的最酷的一个项目是研究大脑如何存储和编码信息。

这是很早的时候——1978~1979年，当时能够将信息论、神经科学、认知科学、人工智能、数学信息论等进行整合的人并不多。我因此断定这里面大有文章。

萨克斯伯格在华盛顿大学完成了本科学业，接着在麻省理工学院（MIT）攻读硕士和博士学位，然后在哈佛大学（Harvard University）获得了医学学位（MD）。他想要掌握涵盖计算机科学、工程学和基础科学的所有基础知识，彻底读懂人脑的学习方式。

他发现人脑的学习方式需要同时考虑认知和动机两个方面。萨克斯伯格认为："学习对你头脑中已经存在的内容非常敏感。你必须从认知方面入手，例如你已经掌握了什么？你的长期记忆中已经有什么？你擅长的领域是什么？"

当你意识到需要学习一些新东西时，萨克斯伯格解释说："你需要开启、坚持并投入精力，这时大脑就会发生变化。它就像一块肌肉，大脑的变化其实是学习的结果。"

动机决定了学习的有效性。萨克斯伯格认为，人们的学习动机可能会在以下四个方面出现懈怠：

- 觉得自己学习的内容没什么价值或不重视自己的学习方法；

- 认为自己没有能力学习复杂的事物；

- 将失败归咎于环境状况（总是认为"我只是没有时间学习"）；

- 疲于应付负面情绪对学习的困扰，如愤怒、沮丧、心烦意乱。

由于认知与动机之间存在相关性，萨克斯伯格强调："根据自身是否拥有学习认知以及是否具备学习动机的情况，学习必须做到个性化。"例如，如果莎拉（Sarah）想要从事金融行业，但她还不熟悉数学，她就必须先解决这个问题，然后才有可能从事金融行业。这是一个认知问题。

事实上，人在关注"自身需要"的时候才会学习。那么，如何使人关注自身需要呢？萨克斯伯格认为，第一步是要认识到个体是由认知能力和动机组成的独特组合。这意味着，如果你希望他人学习，那么你需要从认知和动机的视角为他们考虑。萨克斯伯格提醒大家，如果你忽略了学习过程中的认知和动机，你并不会学习到新的东西。"在普通的公司教室环境中，通常情形是，大多数人甚至并不知道自己在做什么。他们只是无聊地坐在那里，可能觉得这是在进行一项娱乐活动或开场趣味聚会，他们认为这项活动对工作没什么重大影响。他们不会开动脑筋、坚持并且投入精力。"总的来说，你必须考虑环境问题、个性问题，以及有效学习的动机。

精进的谬论

尽管我们对大脑进行与学习有关的运转有足够的了解，但某些误区（或迷思）在某种程度上影响了我们对学习方式的思考。根据神经科学家朱莉娅·斯珀林（Julia Sperling）的说法，职场已经出现了许多关于学习的错误认知。

误区1：人只使用大脑的10%。

现实：你几乎调动了全部的脑容量。

误区2：人要么用右脑思考，要么用左脑思考。

现实：大脑的左、右部分并不完全分开运作，学习与使用左脑还是右脑思考无关。

误区3：人使用最佳的方法学习（视觉型、听觉型等）。

现实：人实际上会使用尽可能多的方式进行学习。神经科学家大卫·伊格曼（David Eagleman）对这个观点表示赞同，并补充道，将所有感官（听觉、视觉、触觉）都融入学习体验中，学习才是最有效的。他强化这一观念，认为教是最好的学。

误区4：某种意义上，学习是有窗口期的，学习之窗一旦关闭，便不会重新打开。

现实：人可以在任何年龄学习新事物。大脑的神经具有可塑性，人一生中任何时候都能够学习、使用、更新技能。

精进的真理

既然我们已经介绍了一些学习的谬论，那么现在让我们了解一下关于如何学习的真理以及最新的神经科学研究结果。斯珀林认为，有六点可以帮助我们了解大脑在学习方面如何维持正常运转。

- 所有人一生都有学习的能力，并且都有无限的学习能力。

- 学习态度是否认真，会影响学习新知识的效果。正念（或关注当前时刻）和冥想可以显著提高接受新知识的能力。

- 思维方式很重要。如果有成长型思维模式，就会相信我们能学习新事物。

- 注意力集中对学习至关重要（不提倡一心多用）。

- 当有学习欲望时，学习成效最佳。觉得学习与我们息息相关，以及处于愉快的学习环境中，对学习也有帮助。

- 积极的反馈会加快学习的进程。

除了这六点，斯珀林还强调了睡眠对于有效学习的重要性。斯珀林解释，睡眠对于记忆功能和建立联系必不可少。他说："睡眠激发了洞察力，有助于整合所学到的东西。"他还说，熬夜或"填鸭式"学习都不是好办法，学习完后入睡要有效得多，这样学到的东西才能"缝合"进大脑。

死记硬背可能不是好的学习策略，一般来说，阅读很重要。最新的神经科学研究表明，阅读小说尤其能够发展大脑的"思维理论"，有助于体验故事中主要人物的感受，有助于建立同理心，培养精神境界、思想、情感和信念的能力。从工作角度来说，这些能力有助于领导者深入了解员工及团队，从而针对个体需求出台有效的激励办法。

学得快不等于聪明

哈佛教育研究生院的"思维、大脑和教育"项目负责人托德·罗斯（Todd Rose）在他的著作《平均的终结：如何在崇尚标准化的世界里胜出》（*The End of Average：How We Succeed in a World that Values Sameness*）中指出，人们常将学得快与智力高混为一谈。但是研究表明，在教育中，学得快和聪明之间没有绝对关联。

没有。

根据罗斯的说法，"大家普遍认为学得快就等于聪明"。罗斯认为，这种观念始于爱德华·索恩迪克（Edward Thorndike）及其学习理论："爱德华试图说明，正确的做事方法只有一种，通向卓越的道路只有一条，并且他认为智力是遗传的，应该通过大脑'通电'的速度来衡量智力高低。"在工作场所中，我们需要停止这种"标准"思维。

标准化的测试模型就基于此概念而来（因此得名）。设计原则是这样的，假设"普通"人需要90分钟才能完成测试。罗斯表示，我们过去认为给人更多的时间来完成测试并不会有什么不同。毕竟，如果你太慢而无法在90分钟内完成操作，那一定意味着你不够聪明，因此给予更多的时间，情况并不会有所改善。但是对于某些人来说，给予更多的时间，结果确实会有所不同。

实际上，放慢整个学习节奏是有利的。纽约大学心理学家亚当·阿尔特（Adam Alter）所做的一项关于速度感知的研究中，志愿者被要求回答一些问题。部分志愿者拿到的问卷是用清晰的字体书写的，而另一些志愿者则得到了字体模糊的版本。事实证明，与"更快"的实验对照组人员相比，那些拿到模糊字体问卷的志愿者，不得不更加努力、更为缓慢地做出回答，但他们对问题的回答更为准确。该研究佐证罗斯的观点，即脑子转得快，并不总是最好的。

罗斯的研究表明，学习的方式有很多种，追求卓越的途径不止一条，花更多时间学习相同的内容并不是智力低下的表现。我们应该鼓励那些追求卓越的人和那些深入钻研的专家，但是，现实是我们经常奖励那些急功近利的人。

精进动机的重要性

如前所述，鼓励人们学习也就是"激励"他们学习。成人教育家马尔科姆·诺尔斯（Malcolm Knowles）首次对成人学习进行了深入的研究，发现成年人最强的动机是内在的（内生的）而不是外在的（外来的）。内在动机是发自内心并满足我们想要做某事的自然欲望；而外部动机则是驱使我们做某事的外部奖励，例如金钱、津贴、表扬等。在我们学习的自然欲望中，比起外部动机，内在动机的激励作用更大。

诺尔斯还发现成年人需要知道他们必须学习的理由。如果你想让学习成为人们喜欢做的事情，而不是强加于他们的事情，那么你必须考虑什么能够激励他们学习。实际上，学习的关键在于动机。在丹尼尔·平克（Daniel H. Pink）的著作《驱动力：有关激励的惊人真相》（*Drive：The Surprising Truth about What Motivates Us*）中，他阐释了动机学，并认为"科学理论知识与工作实践已经严重脱节了"。

平克从自主、专精和目的三个方面阐释人类的动机。他这样诠释三个概念：自主是我们对自我指导的渴望；专精是我们持续坚持的渴望，需要忍受枯燥，把想做的事情做得越来越好；目的是我们超越自身的渴望，这是一项比我们自己更伟大、更长久的事业。这类似于管理学教授肯尼斯·托马斯（Kenneth Thomas）在他的《内在动机：在工作中真正驱动员工敬业度》（*Intrinsic Motivation at Work： What Really Drives Employee Engagement*）一书中的定义，在书中他将内在动机定义为意义、选择、能力和进步。

这些内在动机在学习和工作方面极为重要，然而真相是，大多数公司采用的学习和人才策略与科学提倡的最有效策略背道而驰。公司不下放自主性和选择权，而是用一个个命令和控制模型来告诉员工他们需要学什么以及何时学习（包括可怕的规范培训）。公司似乎不是以掌握技能和能力作为对员工的培训标准，不考虑他们是否真的学到了什么知识或者技能，而只是满足于员工完成了"培训"。大多数公司并没有认识到学习和有意义的工作是实现人生价值的需要，他们纠结于员工敬业度不高，以及70%的员工对工作完全不投入。

令人震惊的是，许多公司还不了解工作场所激励员工背后的科学和心理学。诚然，许多科技公司试图通过外部激励因素来吸引员工，但这真的是解决方案吗？像谷歌、领英和脸书这样的公司提供免费的美食、乒乓球桌、推拿和理发等福利。虽然这可能会吸引员工一段时间，但丝毫不会对员工的忠诚度或长期留任产生长远影响。员工不会因为免费的美食而决定自己的去留。这并不是说这些福利不好（谁会不喜欢这些福利呢？），但它们并不会成为员工决定为一家公司工作或长期留在这家公司的核心原因。而核心激励因素更深层、更实在。

当今员工需要的是对他们工作产生影响的能力、灵活的工作时间和地点，希望他们的工作能够与更大的使命有关，并且在工作的过程中获得学习和成长。薪酬是一个关键的外部激励因素，但最近的研究表明，相较于丰厚的薪酬，人们（尤其是千禧一代）更愿意考虑工作的灵活性，以及更多学习和发展事业的机会。如果公司根据这些研究发现制定相应策略，他们在招聘、留住员工等方面将有所改善。他们还会发现，今天的员工需要一种意义和目标激励他们学习。

精进的意义和目标驱动的精进

艾伦·赫斯特（Aaron Hurst）过去几十年一直在研究目标和工作之间的关系。他发现，很多员工都希望自己的工作能够与更大的使命有关。他们希望能够为自己、为公司、为社会做出有价值的贡献。因此，最优秀的员工往往青睐那些有使命感、能对社会产生积极影响的公司。

2008年，赫斯特创立了非营利组织塔普鲁特基金会（Taproot Foundation），其使命是领导、鼓励和吸引专业人士参与推动社会变革的公益服务。接着，他跟人合作创办了Imperative公司，这家初创企业主要帮助人们制定工作目标和实现工作目标。

通过对个体如何看待工作的大量研究，赫斯特发现人看待工作有两种不同的视角。第一种是目标导向，这意味着工作被视为获得个人成就感的一种途径，同时也是服务他人的一种途径。第二种观点认为，工作是获得地位、晋升、收入的一种渠道。赫斯特的研究表明，在美国1.5亿多劳动者中，大约有4200万人（占28%）属于目标导向型员工。赫斯特的Imperative公司假设大多数劳动者都是目标导向型员工，他认为，以这个假设为前提，对员工、公司和社会都有利。

事实上，将有使命感的员工和以目标为导向的组织结合起来，可以形成一个强大的混合体。根据组织心理学家菲利普·米尔维斯（Philip H. Mirvis）的说法，当公司是使命导向型，员工是目标导向型时，这种结合促进了"发展性参与，即公司的目标是最大限度地激活和发展员工（以及整个公司），从而为公司和社会创造更大的价值"。

和赫斯特一样，世界著名的斯坦福大学心理学家卡罗尔·德韦克（Carol Dweck）也认为，目标使生活更有意义。德韦克说："努力是赋予生命意义的源泉。努力意味着你在意某事，这项事物对你很重要，你愿意为之努力。如果你毫无目标，终日浑浑噩噩，那将是一种贫穷乏味的生活。"

除了目标导向，德韦克还相信思维模式的力量是有效学习的强大动力。在她的著作《终身成长：重新定义成功的思维模式》（*Mindset: The New Psychology of Success*）中，德韦克谈到了"相信自己可以进步"的力量。德韦克认为，在学习方面，一般人要么是成长型思维模式，要么是固定型思维模式。固定型思维模式认为，我们要么聪明，要么不聪明，我们已经学了所有我们能学到的，或者说我们缺乏学习复杂事物（如数学）的能力。而成长型思维模式告诉我们，我们有能力每天都学到新东西——即使我们现在并不擅长（如数学），但是只要我们努力尝试就能有所提高。当科学家们监测固定型思维模式的人和成长型思维模式的人的脑电波图像时，他们发现，具有成长型思维模式的人脑电波活跃度非常高，而那些具有固定型思维模式的人脑电波活动没有达到同样的活跃度。

德韦克充分肯定，在学习方面，我们应该挑战自己："成长型思维模式的人认为，挑战是非常刺激的，而不是具有威胁性的。所以，与其想着'哦，我要暴露我的弱点了'，不如说'哇，这是一个成长的机会'。如果你发现自己害怕挑战，试着用成长型思维去思考，想一下这个机会带来的各种成长的可能性，即使它已经超出了你的舒适区。"

说到培养终身学习的能力，德韦克还相信"暂未通过"的力量——这一理念的灵感来自芝加哥的一所高中。该校并不因为学生没有通过一门课程而给他们打"不及格"的成绩，而是给他们一个"暂未通过"的成绩。正如德韦克所说，被告知已经失败与拿到"暂未通过"的成绩，这两种结果之间有着天壤之别："……如果你的成绩不及格，你会想，我什么都不行，我一无是处。但如果你的成绩是'暂未通过'，你就明白在你的学习曲线上，情况会有所改变。它指明了一条通向未来的道路。"

在大学阶段，一些教授在教学时很自然地会使用成长型思维模式的方法，这意味着他们在判定学生一门功课的最终成绩之前，会给学生一个提高的机会。换句话说，他们给学生一个"暂未通过"的成绩和一个进步的机会。让我们看一个例子：

卡梅伦（Cameron）在大学里选修了一门关于越南战争的历史课。这门课的作业是要求写一篇分析三部关于越南战争电影的论文。这个作业在最后提交前可以写多份草稿，每份草稿都设定了最后提交期限（这是几次练习的机会）。此外，每次交出的草稿，卡梅伦都可以从教授那里得到反馈，有时间去反思，然后有机会把作业做得更好。卡梅伦获悉了关于越南战争的知识，也锻炼了批判性思维和写辨能力。通过练习、反馈和反思，卡梅伦在研究每个草稿的过程中都不断完善自己的论文。这种有效沟通和反馈为卡梅伦带来了良好的结果：①写论文的积极体验；②塑造"成长型思维模式"；③刷新"暂未通过"的成绩，直到通过。

与此形成对比的是，一位教授直接把作业写进了教学大纲，而且学生在交作业之前没有机会得到直接的反馈。如果没有练习和反馈，分数只基于第一次也是最后一次的测验，那么这种方法既不能真正衡量学生的学习能力，也不利于成长型思维的培养。

精进成长型思维模式是一种竞争优势

深谙成长型思维模式重要性的公司，往往具有足够的优势，不仅能帮助员工意识到他们应该在整个职业生涯中不断学习，而且具备成长型思维模式的领导者往往对自己的学习和领导力更加内省。

萨蒂亚·纳德拉（Satya Nadella）于2014年接任微软首席执行官，他受到德韦克观点的启发。纳德拉懂得学习文化就是巨大的竞争优势："文化是需要适应和改变的东西，公司必须有一种学习的文化。"纳德拉认同德韦克关于思维模式的观点，并对他的员工强调其中一个他认为最重要的观点："如果你雇用两种人，一种是无所不学的人，而另一种是无所不知的人，那么从长远来看，无所不学的人终将胜过无所不知的人，即使开始时前者的先天能力较弱。"

对于首席执行官们来说，寻求员工的反馈并不常见，对于那些有时觉得自己应该是"万事通"的领导者来说，寻求员工的反馈可能会让他们感到"丢面子"。萨蒂亚却不同，他乐于接受反馈和成长型思维模式。他认为，所有的员工和首席执行官在工作结束时都应该问问自己："我是不是在哪个点思想太狭隘了？或者自己是否有某个想法没有展现出积极的成长态度？"如此，才是对学习文化的追求。

纳德拉提出的另一个有趣的观点是，目前最聪明的员工未必一直如此聪明，这取决于他们的思维模式，这是公司在招聘过程中应该考虑的问题。在面试过程中，你可以确定哪些人是有成长型思维模式的终身学习者。例如，当你询问终身学习者去年的学习时，他们往往会立刻回答。如果面试者回答这个问题很费劲，这表明他们并不是真正的终身学习者。那些重视学习并能在工作场所表现出学习敏捷性的人现在很受欢迎，将来也会受到追捧。

然而，成长型思维模式并不是当今员工需要的唯一属性。最近的研究表明，坚毅对提高学习效率大有帮助。

坚毅和韧性

安吉拉·达克沃斯（Angela Duckworth）在27岁时辞去了

管理咨询公司的工作，转而到纽约市一所学校教七年级的数学。她在教学中发现了一些人们如何学习以及成功的秘诀。在教学期间，首先引起她注意的是，一些智商很高、最聪明的学生表现得并不好，而表现最好的一些学生相对来说智商并不高。这让她认识到，学习不仅是智商的问题，学习动机更影响学生学习新事物。

几年后，达克沃斯离开了教学岗位，再次成为一名学生，她在宾夕法尼亚大学（University of Pennsylvania）开启了研究生学习之旅，研究方向为学习心理学。她想知道更多关于学习的奥秘。学习不是通过智商分数来衡量的，所以她开始调查研究儿童和成人——"谁成功了，为什么？"

在达克沃斯和其团队的所有研究中，在各种工作情况下，"一个特征成为成功的显著预测指标"，它不是社交智力或智商，而是坚毅，或者说是"对长期目标的激情和坚持"。关于达克沃斯研究的另一个有趣的观点是，"坚毅通常与人才衡量标准无关，甚至是相反的。"这意味着，当公司对员工的工作表现进行衡量时，他们很少会对其坚毅程度进行评级。达克沃斯意识到坚毅并不是成功的唯一要素，但"努力工作确实很重要"。在有效的学习中，坚毅和成长型思维模式是两个基本要素。但是，我们如何将这些概念应用于实践呢？

理解学以致用

知识和技能经常被混为一谈。思考一下这个例子：如果你学意大利语（通过一个面对面辅导或在线课程，通过观看一些视频、听录音、读一本书，或者使用一个语言App），这将意味着等到学习结束时，你就真的能用意大利语表达和写作吗？也许不是。事实上，许多人已经花了几年时间在正式的课堂上学习一门外语，取得了很好的分数，但仍然不能阅读或书写这门语言——不能用学到的知识做任何事情。这说明了知识和技能之间的区别——你可能已经获得了一些知识，但你还没有掌握技能。

现在的公司里，知识和技能通常没有区别，所有的东西都被扔进一个叫作"培训"的篮子里。你知道一项业务并不意味着你能开展这项业务。即使你能从事某项业务，也不代表你擅长。这意味着信息是以某种形式传达的，目的是实现知识转移。如果公司真的想帮助员工学习更多知识，斩获新技能，就必须对学习的内涵达成共识。

精进不止于培训

在大多数公司里，培训基本就是"知识转移"。培训通常是由领导、经理或员工提出的，结果就变成课程培训或类似于在线学习体验。一些公司认为解决问题最简单的方法是培训，而不是花时间分析实际问题。

例如，团队中的某个人谩骂抱怨远程工作方针，或者客户支持业务中的某个人获得了较低的客户满意度分数。这些员工可能会被送去参加某种类型的"培训"，因为公司领导者误以为，员工如果知道得更多，就会遵守规定或者让客户更满意。这种类型的培训通常以PowerPoint演示文稿或类似的展示形式进行。员工被动地接收信息，有时也会被提问，然后被认为是完成了对该主题的"培训"。然而，问题解决了吗？

最近，针对猖獗的性骚扰和虐待问题，美国参议院通过了对参议员及其团队工作人员进行强制性骚扰培训的法案。但条例并不是解决问题的关键。在大多数情况下，问题与缺乏条例无关。为了解决某个特定问题，而对整个团队的人灌输培训内容，就像是在只有一个人犯错的情况下剥夺团队中所有人的特权一样。我们常常把自己训练成"平均人"，而实际上根本就没有"平均人"。

这种一成不变的方法并不奏效。

公司的培训方法借鉴了大学的学习模式，不同的是，学校里由专家教授通过讲课来传授知识，在工作场所中则是由培训师指导一个小组或团队。在学校里，学生记笔记，然后复习这些笔记准备考试，但一旦考试结束，对大多数人来说，这些知识已经不需要知道了，就会被丢到脑后。学生可能已经知道了大量的知识，通过考试并取得高分，但很少有人获得有用的技能，并在实践中应用这些知识。当这种学习模式应用于工作时，我们得到了相似的结果。员工们大都忘记了他们所学的大部分知识，课堂知识与实际工作严重脱节。

众所周知，医学院的课程都比较长，尤其是在第一年。未来的医生需要吸收的信息和知识的数量是惊人的。典型的医学课程从四年制本科学位算起，然后是四年的医学院学习，最后是三年的住院医生实习期。准医生将知识应用于实践之前，积累知识需要八年的时间。问题是，这只是知识的学习。听课并不是最有效的学习方式，学以致用才是最重要的。

佛蒙特大学（University of Vermont's）拉纳医学院（Larner College of Medicine）负责医学教育的高级副院长威廉·杰弗里斯（William Jeffries）曾倡导高等教育中课堂教学

的意义，现在他认为，课堂教学不是最好的学习方式。杰弗里斯说："过去十年来，我们在文献中积累的很多证据表明，当你在讲课这种方法和其他学习方法（通常称为'主动式学习'的方法）之间进行比较，在相同的时间内积累尽可能多的知识方面，听课不如主动式学习有效。"

这一证据让杰弗里斯和他的同事们开始用"主动式学习"（把知识运用到实践中）逐步代替"听课"这种学习方式，以期在两年内完全淘汰旧的学习方式。主动式学习包括把知识付诸实践。知识只是你知道的，而技能才是你能做的。

精进循环简图

那么，帮助员工学习的最佳方法是什么呢？无论是想让员工获得知识还是学习新技能，如果他们真的想学习的话，都会经历一个简单的"学习循环"（见图1-1）。学习循环是一种思考学习过程的简单循环途径，它有四个组成部分：识记、练习、反馈和反思。

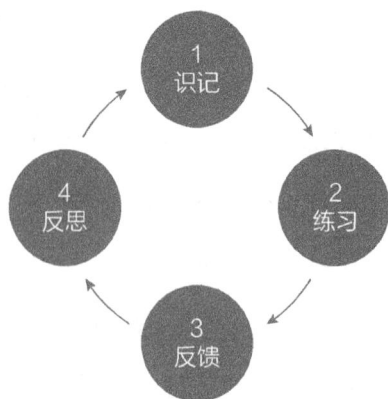

图1-1 学习循环简图

　　下面的示例，是在学习新技能的情境中使用学习循环。假设，你有一个叫约翰（John）的员工，他想学习如何做一场精彩的演讲。首先，约翰需要"识记"一些知识，知道如何才能做一场精彩的演讲。约翰足智多谋，他能通过很多途径找到关于这个技能的知识：例如，他可以看书、看视频、阅读文章、听播客或任何其他的途径，多渠道了解关于如何做一场精彩的演讲所需要的知识。

　　接下来，约翰必须"练习"演讲技巧。约翰或者在家练习，或者约同伴一起练习，或者在其他轻松的环境中练习。太多的人跳过此步骤，只停留在"识记"阶段，这当然是一个错误。通过练习应用这些知识，对于培养一项新技能非常关键，对于获得反馈尤为重要。

"反馈"是确保我们真正理解所学内容的关键。在这个阶段，约翰已经练习了演讲，现在需要一些反馈。他得到反馈的一种途径是在同伴面前练习，其实他也可以通过更正式的方式得到反馈。凯利在雅虎工作的时候，她所在的学习型组织开设了演讲课，参与者在课堂上面对同伴进行演讲练习，同时被录像。之后，参与者以三种方式收到反馈：首先，来自指导老师（由擅长演讲的人提供建设性的反馈）；第二，来自课堂上的同伴；第三，来自视频的回放，这样他们就可以直接看到自己的真实表现。

一旦参与者收到反馈，他们就能够"反思"自己接收到的反馈内容，并对自己的演讲和表达进行修正。然后，他们再次进入学习循环过程。他们练习，得到反馈，进而反思，然后下一次做出调整。

再举一个例子。大学刚毕业的艾米莉（Emily），在一家公关公司开始了一份新工作。在她工作的第一周，她学习自己的岗位职责，了解自己在新的工作环境中应该如何工作。这是学习循环中的识记阶段。接下来，她真正开始工作，与有经验的客户经理合作（练习），可能还会参加一些客户会议，观察同事如何开展工作。在最初的几周里，艾米莉得到了老板和同事对她工作表现的反馈。艾米莉对反馈进行了反思，及时调整，然后朝着正确的方向学习和努力，她对自己充满了信心。

这看起来很简单，但令人惊讶的是，很多人并没有得到反馈，或者即使得到了反馈，也没有进行反思，而只是抱着勉强学会就够了的态度。

坚持学习循环的四个步骤，能帮助我们掌握和巩固重要的知识和技能，同时也能培养我们进一步学习的热情。

"自我反思"提高情商

经常反思所学到的东西大有裨益。它不仅创造了一个环境，让你花时间思考自己的经历，使你更具洞察力，还有助于增强解决问题的能力、批判性思维和情商（这是职场中最重要的三种技能）。如果你能通过反馈进一步反思自己学到了什么，这是很理想的。但即使练习后没有得到即时反馈，或者你只是读了一本书、一篇文章来获取知识，你仍然可以进行自我反思。

"反思"步骤在流程中常被遗漏，所以拥有一个督促的组织很有必要。爱彼迎使用的是终身学习平台Degreed，这个学习平台的宗旨是促进终身学习和技能发展。当员工完成学习经历后，他们可以撰写心得体会或"学习要点"，这些心得体会或"学习要点"将被添加到他们在Degreed的学习档案中。这些"要点"促使员工反思自己学到的知识，然后与他人分享或者进行在线讨论。

精进中的脆弱性

人们对大脑智力、动机驱动、成长型思维模式重要性、坚毅的爆发力有所了解后，为什么还是有那么多的组织没有积极地应用这些规律呢？原因之一在于，职场中一些人不愿意承认他们需要学习新技能，因为他们担心这会被别人看轻，他们感觉这样会暴露自己的缺陷和弱点。

这在学校里无关紧要，因为我们就是"应该"学习，所以不知道一些事情似乎无所谓。但是，当毕业后进入职场，突然发现自己处于一个特定的岗位，但不清楚在工作中如何应用所学的知识，就不一样了。你知道有多少人曾经说过他们掌握某项技能，但事实证明他们并不会用？有些人不想失去信誉，尤其是在刚刚入职或担任新职务时。

成年学习者有一种倾向，即不愿承认自己不懂或没有擅长的技能。如果老板认为你无法胜任工作，他会对你有不同的看法吗？这会在绩效考核中对你不利吗？即使不是高级管理层，员工也会担心被他们的同事指指点点。在竞争激烈的工作环境中，承认自己的不足是需要勇气的。作为领导者，我们需要理解这一点，并帮员工消除这个顾虑，让他们知道在某些领域有不懂的知识是很正常的。我们应该强化一个理念，即每个人在整个职业生涯都需要学习，而且活到老、学到老。

帮助他人成为专家，关于"学习到底意味着什么"这个问题，我们需要真正实现认知的转变。这意味着要认同我们的同事都有自己独特的学习方式。对于一些努力学习新事物的人来说，方法非常简单，只需要把他们的思维模式从"我不能"转换成"暂未通过"。

帮助员工精进和获得专业技能的五个步骤

既然你知道了有关人如何学习的最好方法，你就要考虑如何将这些方法融入你公司的学习策略中。这里有几种方法可以帮助员工学习和积累专业知识：

1. 理解并应用学习循环

人们通过这个简单的循环过程来学习，所以确保你为员工开发或购买的学习内容中，包含学习循环的所有组成部分。然而，公司常常花费大量资金从供应商那里购买工作场所所需的学习资源，却并不知道供应商是否了解公司员工真正的学习方式。

2. 培养良好的思维模式，正确激励

当你的领导或员工要求公司提供"培训解决方案"时，静下来想想，这是不是问题的真正解决方案，员工是否真的想要或真的能从中受益。必须让员工知道，公司倾向于"无所不学"的员工，而不是"无所不知"的员工，并确保领导和员工以这种标准指导行为。考虑员工的内在动机，比如自主、专精和目标，使用正确的激励方法，让员工掌握自己的学习。

3. 评估员工技能差距

帮助员工了解他们的优势、劣势和技能差距的重要性不言而喻。如果他们不知道自己需要何种类型的技能，不知道自己想要达到何等水平，不知道自己拥有何种技能，不知道自己现有的技能水平如何，他们怎么知道自己想要培养什么样的技能呢？Degreed平台增加了技能评估和认证的服务部分，正好满足这些需求。

辨识技能差距的另一种方法是"树立最佳榜样"。工商管理学教授多萝西·伦纳德（Dorothy Leonard）、威廉·阿伯内西（William J. Abernathy）及《哈佛商业评论》（*Harvard*

Business Review）撰稿人埃梅里塔（Emerita）的观点，为以下问题指引了方向：

谁真正擅长你想做的事？

哪些专家备受同事尊重和直接上司的器重？

你想效仿谁？

然后评估你和他们之间的差距。伦纳德说："这需要残酷的自我评估。这个改变需要多少工夫，你准备好了吗？如果你发现技能差距相当小，这应该会增加你的信心。如果你确定差距真的很大，那就深呼吸一下，考虑一下你是否有勇气和决心去跨越它。"

4. 鼓励员工自主学习

人真的渴望自主性。如果你想为员工提供一个让其自主工作的环境，重要的是，更多地关注员工是否完成工作，而不是如何完成工作。另外，与你的员工建立信任。如果你不相信他们能够自主工作，那为什么还要雇用他们呢？

最后，让员工掌握自己的职业发展轨迹，在整个过程中提供指导、示范和支持。员工敬业度咨询公司DecisionWise首席执行官特蕾西·梅莱特（Tracy Maylett）说："谁愿意随时任人差遣，谁愿意当保姆呢？也许有少数人同时属于这两类，但这

对好员工或好经理来说并不合适。这就是和谐的、有效的自主
性发挥作用的地方。"

5. 提倡多阅读、少上课

我们这个时代一些最受尊敬的领导人都是狂热的阅读者。
比尔·盖茨（Bill Gates）每年阅读50本书来学习新事物。埃
隆·马斯克（Elon Musk）是一位如饥似渴的阅读者，他说自
己小时候读的书激励他制造火箭。马克·扎克伯格要求自己每
两周读一本书，并在脸书上分享他的阅读清单。这样的例子
不胜枚举：沃伦·巴菲特（Warren Buffet）、奥普拉·温弗瑞
（Oprah Winfrey）、雪莉·桑德伯格（Sheryl Sandberg）以及
无数企业家都是通过阅读来学习的。还有一个建议——与你欣
赏的人待在一起，并模仿他们。励志演说家吉姆·罗恩（Jim
Rohn）有句名言："和你在一起时间最多的五个人的平均值就
是你。"

第2章

让精进成为竞争优势

2013年，安吉拉·阿伦茨（Angela Ahrendts）与苹果公司首席执行官蒂姆·库克（Tim Cook）会面，试图劝说库克放弃"挖墙脚"的念头。当时，阿伦茨是巴宝莉（Burberry）的首席执行官，一手带动了巴宝莉的高光时刻。巴宝莉曾是非常传统的英国时尚品牌（以风衣闻名），阿伦茨将目标客户群体转变为以年轻人为主，将巴宝莉打造成充满现代感和崇尚真我表达的品牌。阿伦茨还将巴宝莉带入数字时代，令竞争对手望尘莫及。

当时库克找到阿伦茨，一番恭维后，库克诚邀她加入苹果公司负责产品的零售业务，但阿伦茨并不想离开巴宝莉。她呕心沥血营造了巴宝莉独特的工作文化，并且与其建立了根深蒂固的关系。在与库克会面期间，阿伦茨如实说明了她不适合苹果公司的原因。她告诉库克，首先，虽然她成功地将巴宝莉带入数字时代，但她认为自己不是技术专家；其次，虽然她为大型零售商工作了很长时间——在巴宝莉之前，她为唐娜·卡兰（Donna Karan）和丽兹·克莱本（Liz Claiborne）工作——但自己不是零售业的专家。然而出乎意料的是，库克的主要兴趣不在于她是不是这两个领域的专家（尽管可以说她是）。库克有其他的想法，库克看重的是阿伦茨的领导才能、活力和价值观。他所期待的，是阿伦茨带给苹果公司零售文化的种种可能性。

2011年，阿伦茨发表题为"人类能量的力量"（*The Power on Human Energy*）的TEDx演讲，库克观看了她的演讲。在演讲中，她充满激情地讲述了责任、直觉和信赖等核心价值观的重要性，以及如何利用这些价值观带来异乎寻常的变革。有一句话让库克深为触动："当今社会中随着科技发展，我们反而需要回源人与人之间的沟通之本。"库克最终确定，这就是他要找的人。库克并不是阿伦茨唯一的赞赏者，巴宝莉董事长、渣打银行（Standard Chartered）前董事长约翰·皮斯爵士（Sir John Peace）称赞道："她能够点燃整个团队。她是那种渴望团队成功的人。这是一种罕见的品质。"

精进的力量

越来越多的公司开始关注学习的意义——不仅因为它有益于员工，更因为培养员工才能为公司创造更多商业价值。阿伦茨于2014年加入苹果公司零售业务部，她更加注重"以人为本"的苹果文化。在此期间，她尽力营造一个沟通良好、支持职业发展和学习的环境。例如，阿伦茨提出将苹果公司10%的零售员工送到世界各地的其他门店，为他们提供更多的学习和发展机会。无独有偶，星巴克（Starbucks）规定如果员工每周工作超过20小时，公司就提供他们在亚利桑那州立大学（Arizona State University）就学期间的全额学费。这项规定使那些原本无法获得大学学位的人颇感受益，也大大降低了星巴克门店员工的离职率。

特斯拉（Tesla）、通用电气、爱彼迎和高盛（Goldman Sachs）等公司都专注于学习，并为自己公司的领导者、经理、员工提供必要的发展机会。伦敦的英杰华保险公司更加前卫，该公司组建了一个名为"数字车库"的创新团队，专注于未来的学习和数字转型。

其他公司纷纷效仿。德勤的研究显示，在四年的时间里，设有高影响力学习机构（HILOs）的公司，其利润增长率是其他公司的三倍。高级管理层也表现出高涨的学习热情，在德勤2016年全球人力资本趋势报告中，84%的高管认为学习是一个重要的议题。该报告还指出学习在专业发展、员工敬业度以及企业文化方面的重要性。

但并非只有公司高管希望在工作场所获得更多的学习机会，员工们也同样渴望。

越来越多的迹象表明，公司需要关注学习的重要性。他们需要用"学习"来保持竞争力，吸引、雇用和留住人才。但是，公司在成功营造一个学习环境之前，需要正确的文化。

培养正确的精进文化

公司文化是多方面的，全面健康的公司文化应该以强大的学习文化作为重要组成部分。它通常始于公司的首席执行官或最高领导者，他们明确公司的愿景和使命，作为引领公司发展的价值观。接下来，公司的管理者和经理们解释公司的愿景和使命，定期沟通，向员工传达如何践行，并为"文化租户"（cultural tenants）树立行为榜样，最后，员工对照愿景和使命，理解如何才能对自身产生影响，然后践行公司价值观。如果这些都能实现，确实很完美，但是听起来容易，实则难。

苹果、谷歌、奈飞、通用电气、西南航空和美捷步等都是以文化创新著称的公司。积极的文化使工作场所更愉快，心情愉悦的员工带来更丰厚的盈利回报。事实上，研究表明，拥有积极工作文化的公司业绩要比竞争对手的业绩好20%左右。纽约个人品牌顾问、CareerBlast联合创始人威廉·阿鲁达（William Arruda）表示："真实性和透明度是培养积极向上的、令人满意的公司文化的关键——这将有助于公司在竞争中脱颖而出。""组织内部工作的方方面面都必须遵从公司的使命、愿景和价值观。"

培养积极的工作文化是吸引人才的关键，尤其是对于千禧一代。千禧一代普遍愿意放弃近8000美元薪水的工作，而选择一个与他们价值观匹配的文化环境。薪水至上已经是过去式。如今，求职者热衷于在网上了解公司，研究匿名的Glassdoor网站评论，以便深入了解不同公司的文化，估判自己是否能融入其中。从这个意义上讲，千禧一代正在重塑和渲染大众熟知的公司文化。

公司文化显得如此重要，以至于员工经常根据公司文化决定就业去向——留任公司，或者寻求新的机会，这也不无道理。人们在工作上花费了大量的时间，所以在其他条件相同的情况下，人们应该花时间来考虑文化相融性。这对公司和员工都有益，可以确保他们相互匹配。员工、应聘者在加入公司或留任公司时要考虑的问题包括：

- 我认同公司的愿景和使命吗？

- 我认同公司的价值观吗？

- 我享受每天的工作吗？

- 这份工作有意义吗，有挑战性吗？我能产生影响吗？

- 我喜欢和老板、同事一起工作吗？

- 我有机会学习新的技能和发展我的职业生涯吗？

- 我得到了公平的待遇吗？

事实上，员工是公司的最佳代言人，所以优秀的公司文化对每个人都有好处。

积极和健康的工作场所文化，能够激励员工不断学习。当你的领导认同并支持这个看法时，公司的文化就会强有力地激励员工，从而使他们成为公司的拥护者。阿伦茨就是这样一位领导者，她认为苹果公司文化的关键在于员工的待遇和发展。她说："不管怎样你都要雇人，为什么不让他们成为出类拔萃的员工呢？他们并不是商品。"正如苹果零售副总裁斯蒂芬妮·费尔（Stephanie Fehr）所说："这对在苹果工作的人来说，是巨大的发展优势。"

要拼搏，要有趣

凯利职业生涯的大部分时间都在太阳微系统公司工作，在那里，充满活力的首席执行官斯科特·麦克尼利（Scott McNealy）培育了一种独特的公司文化。麦克尼利领导公司超过25年，他的领导力之所以被传承，强大的公司文化是原因之一。

太阳微系统公司有一种协作文化，精简成一句格言就是：

"要拼搏、要乐趣。""员工们忠诚、协作，而经理们因亲力亲为和支持员工职业发展而备受好评。"太阳微系统公司在关注公司文化方面走在了时代前沿。

员工拥有冒险和创新的权利。例如，现在广泛应用的Java编程语言就是他们的创新成果之一。他们的工作时间、工作地点非常自由——这是一种非常有前瞻性的居家办公的理念——而且员工可以自行申请公司内部的轮岗调动，以学习更多的知识，从而发展自己的职业。

太阳微系统公司的文化是赋权和创新，这是一种激励的文化。领导者信任自己的员工，并且更重视出色的成果，而不是员工坐在办公桌前的时间。太阳微系统公司的经理们很早就知道，如果他们为员工提供学习、成长和沿着职业阶梯上升的机会，员工倾向于长期留在公司——事实证明，他们是对的。太阳微系统公司的许多员工都在那里工作了几十年，公司的许多领导后来都在其他公司当上了CEO，包括：

- 埃里克·施密特（Eric Schmidt），谷歌第一任CEO，最近离任谷歌母公司Alphabet的执行董事长。

- 卡罗尔·巴茨（Carol Bartz），欧特克（Autodesk）和雅虎（Yahoo!）的前CEO。

- 萨蒂亚·纳德拉（Satya Nadella），微软现任CEO。

然而，事情后来怎么样了呢？

2010年，甲骨文收购了太阳微系统公司，一切都变了。这两家公司的文化大相径庭——太阳微系统公司的文化是创新的，以员工为中心，而甲骨文的文化更注重公司的盈利，员工的发展位居第二。时间越久，这种文化变得越来越官僚化和政治化，乐趣越来越少，最终导致凯利和其他人纷纷离开。

维护公司的精进文化

太阳微系统公司和甲骨文的合并对太阳微系统公司的许多老员工来说如鲠在喉。通常，并购对员工来说的确是难以接受的，因为员工被动接受而不是主动选择成为全新文化的一部分。一般来说，决定去一家公司工作之前，可以选择为谁工作，也可以考虑公司的文化。然而，加入一家并购的新公司究竟如何，取决于并购公司的文化。当然，如果文化不匹配，员工可以在新公司之外寻找新的职业机会，很多人就是这样做的。有趣的是，研究表明，30%收购失败的原因是文化不匹配和难以整合人才。

组织要想维持强大的公司文化，需要确保员工都了解公司的运作方式，以及公司对员工的期望。公司确立的各个目标都应该确保所有员工都能感受到其作为公司文化的一部分，并在一定程度上具有支持和维护公司文化的责任。如果公司没有正确定义他们的文化，那么公司的文化将由他们的员工来定义。小公司可能更容易建立强大、积极的公司文化，但当他们发展壮大（员工人数超过150人）时，在新员工加入尤其是新领导加入时，公司文化在很大程度上会发生改变。

领英刚成立时规模很小，但在成长过程中一直保持着最初的公司文化。凯利亲身体验了这种公司文化。领英从2009年的几百人发展到2016年的9000多人。在此期间，招聘了各种不同公司（包括微软、雅虎和易趣等）文化背景的员工。领英是如何扩大规模并保持其公司文化的呢？

首先，领英从一开始就宣扬公司的价值观和文化信条。这在招聘过程中至关重要。通过这种方式，新的管理者们能够在领英的文化预期范围内行事，而不是承袭他们原公司的文化。

其次，从全体会议到学习项目、员工评估，公司的方方面面都融入了文化和价值观。然而，很明显，价值观不仅是墙上的海报或人们记住的宣传语，而是管理者和员工每天"身体力行"的信条。在领英，公司文化由领导层定义，但员工每天都在践行和拥抱公司文化。

文化的引领原则

领英的案例显示，公司需要一套清晰的指导原则来塑造强大的公司文化。这些原则决定了员工的类型。例如，一个创新和冒险的文化，不适合雇用那些注重过程和规避风险的人。他们会与这种文化发生冲突，结果很糟糕。

如果员工的价值观和公司文化不匹配，有些组织宁愿他们离开。比如，在线鞋业零售商美捷步就提出，如果员工对公司文化感到不适想要离职，公司会向他们支付辞职费。亚马逊在2009年收购美捷步时，也决定采用类似的政策，称之为"有偿离职"。

奈飞公司CEO里德·哈斯廷斯（Reed Hastings）在与领英公司创始人雷德·霍夫曼（Reid Hoffman）的对话中表示，他认为保持文化"契合度"对奈飞公司维护公司文化至关重要："我认为，作为创始人，当你试图建立一种文化，让合适的人上车是件好事，但更重要的是要让不合适的人下车。"

这就是奈飞制作一套100多页的"文化精髓"（Culture Deck）的原因。尽管新员工履历丰富，但是几个月后他们可能自行离开，或者被要求离开，就是因为他们根本不适应奈飞的公司文化。文化精髓的作用是：一方面，让潜在的应聘者了解奈飞的文化；另一方面，将那些不认同公司价值观的应聘者挡在门外。

然而，将奈飞与谷歌、苹果和脸书混为一谈有失偏颇。奈飞公司文化的宣传册中浓墨重彩地强调，其公司文化远非"硅谷游乐场"：他们所谓的"好工作场所"，并不是指提供午餐寿司、大型健身房、大办公室或频繁的派对。他们的"好工作场所"是一个追求共同目标的梦想团队，为此他们甚至不惜重金。

文化不是消费福利。在硅谷，有些公司提供由名厨制作的免费午餐或推拿服务。当公司专注于太多的"福利"时，就会形成一种福利文化，这是一种危险的范式，因为对公司来说，很难跟上最新的福利潮流，而且这不一定有助于公司实现其目标。归根结底，文化不是外在的激励因素，而是内在的激励因素。

大卫创立了Degreed公司的文化原则，不仅为了吸引潜在的员工，也为了实现公司的使命和愿景。他认为，当人们被鼓励发展自己的事业时，他们会感到被重视。总的来说，Degreed公司的员工有归属感，公司的愿景、使命和原则与他们自己内在的信仰和价值观相匹配。

衰败的公司文化

并非所有成功的公司都有令人称赞的公司文化。《纽约时报》（*New York Times*）曾报道了一篇关于亚马逊苛待员工的文章，引起了轩然大波，亚马逊公司仍在努力平复这场"风波"。文章称，员工被要求将工作放在家庭之前，每周工作时间长达80个小时，工作占据了晚上、周末和假期，还被领导和同事关系所困扰。

无独有偶，硅谷风险投资公司克莱纳·珀金斯（Kleiner Perkins）的一名员工艾伦·鲍（Ellen Pao）以公司性别歧视为由提出诉讼，尽管该公司不想引起媒体的关注，但没能成功。克莱纳公司最终赢得了官司，但该案暴露了硅谷的文化，在那里，骚扰和歧视几乎是常态。

2017年，优步（Uber）CEO特拉维斯·卡兰尼克（Travis Kalanick）因其倡导野蛮的、肆意妄为的、恶劣的劳动力文化被迫停职。该公司前工程师苏珊·福勒（Susan Fowler）加以证实，她在博客上披露卡兰尼克鼓吹性别歧视文化。事实证明，当CEO官成为一个糟糕的榜样或忽视公司文化时，公司文化急剧恶化。正如医疗保健公司安泰保险（Aetna）前首席执行官罗恩·威廉姆斯（Ron Williams）所说："首席执行官忽视公司文化，公司可能会出问题。如果CEO不注重宣扬价值观，不关注员工对公司荣辱的责任心，那么积极的、高绩效的工作文化也会很快走下坡路。"

如今和可预见的未来，公司的竞争优势之一是招揽和留住精英人才。当公司被媒体曝出公司文化的负面报道时，会吓走顶尖人才，也会将潜在的应聘者挡在门外。

不同类型的精进文化

许多公司已经开始关注学习的重要性，并且关注如何让学习成为吸引和留住优秀人才的巨大竞争优势。研究和咨询服务公司Bersin by Deloitte[①]的创始人乔希·伯辛（Josh Bersin）认为，"重塑职业生涯和学习是商界的第二大问题（仅次于公司重组数字业务）"。鉴于此，许多公司都在思考如何才能创造一种学习文化。

然而，建立一种学习文化并不是像改造车轮一样简单。事实上，很多公司所倡导的文化已经开始鼓励不同层级的员工学

---

① 德勤管理咨询收购美国咨询公司Bersin & Associates后命名为Bersin by Deloitte，是德勤的内部运作机构。

习，有些公司已经掌握了多种学习文化的融合。举例如下：

1. 规范培训文化

具有规范培训文化的公司，往往都注重业务的规范与要求，确保员工在开展业务时遵守规则。

许多政府机构、金融机构、航空公司、核电站和医疗保健公司都强调规范培训，因为这是他们职业一部分，但这并不意味着他们都能做得好，也不能把规范培训与其他类型的学习相提并论。澳大利亚墨尔本HealthXN公司的董事兼创始人马克·尼梅斯（Marc Niemes）一直在帮助澳大利亚医疗行业从规范培训转向注重技能培养和个性化学习的培训。公司现在鼓励卫生保健员利用各种资源来学习，比如阅读医学领域的最新论文、听播客或观看有关行业最新发现的视频，而不是仅仅坐在那里听乏味的规范培训的电子教学课程。

2. 必要培训文化

必要培训文化侧重于向员工传授与工作高度相关的工作方法和业务流程。这种培训一般在员工新入职，或者公司引入新工作方法、新业务流程时进行。员工入职培训对公司的重要性不言而喻，尤其是研究表明，员工在进入一家新公司的最初几周内，就会形成对这家公司的第一印象。这个过程往往决定了员工是否觉得自己能融入公司文化。Onboarding 2025为思想领袖们提供了一个平台，让他们互相分享成功的入职经验。例如，脸书要求新工程师工作的第一天就编写代码来解决问题，这种方式让新员工有真实的、实战的体验，从一开始就能激发新员工的积极性，短时间内直接影响公司的运营成效。

3. 学习文化

学习的文化建立在规范培训和必要性培训基础之上，要点是通过有针对性的项目和计划来培养员工的技能。这些培训项目有些与业务计划相关，有些重在培养领导力和管理技能。学习文化的核心是使员工的发展与组织的目标保持一致。通常情况下，学习是"事件驱动的"，也就是说，员工脱产去学习新技能，或者公司会采用一种半脱产的方法，员工既可以通过结构化的脱产培训进行学习，也可以边工作边学习。

爱彼迎就是一个很好的例子，它为员工提供一个创新的混合式学习项目，为领导者、管理者以及所有员工提供各种灵活的在线学习资源，以此建立强大的学习文化。

4. 持续学习文化

在持续学习文化中，学习已成为人们日常工作的一部分，也是日常生活的一部分。久而久之，学习成为习惯融入人们日

常生活。人们可能会花15分钟观看视频，建构知识体系；或者
阅读一篇文章，帮助思考并解决问题；或者通勤路上收听播
客，以胜任当前的、将来的岗位角色。这种工作文化重视持续
学习，鼓励员工访问YouTube、TED讲座、在线课程等进行学
习。

美国银行是创建持续学习文化的公司典范。美国银行鼓励
员工发现自己的职业热情和目标，授权员工通过Degreed学习
平台来参与个性化学习和技能培养。他们希望员工成长和学
习，能够胜任各种轮岗机会。

美国银行还将学习的范围扩大到员工之外，不仅包括客
户，还包括民众。他们与可汗学院（Khan Academy）合作创
建了bettermoneyhabits网站，帮助大众了解有关货币的基本知
识，比如抵押贷款和信用评分，判断应租房还是买房。他们
还与Degreed合作，为现役军人和退伍军人提供学习资源，以
帮助他们提升教育水平、增强知识技能，助力他们的职业发
展。

利用Degreed平台建立持续精进文化

与领英和奈飞一样，创建优秀的公司文化也是Degreed平

台最初的目标之一。Degreed的联合创始人大卫创编了"品牌圣经"（Brand Bible），该手册概述了公司的使命、愿景和核心原则，是规范员工日常工作与行为的指南。文化部分包括Degreed对文化的定义："我们如何在运营过程中做出决定和对待彼此。"

Degreed的核心原则是使命至上、平衡、平等、共情、灵活、奉献、卓越、透明和学习。在Degreed的使命范围内，每个术语的定义都在指南中被解读，并在此基础上被不断优化。

作为一家以改变世界学习方式为使命的学习型公司，持续学习在公司文化中扮演着重要角色。首先，它为员工提供了一种践行使命的途径，并为其他有意激励员工不断学习新技能的公司树立了标杆。其次，学习给了Degreed公司的员工在个人和专业层面上发展的机会，使其职业生涯得以发展。这是Degreed公司的一个主要竞争优势，尤其是留住人才方面：人们倾向于留在有发展机会的公司。Degreed的工程团队有98%的留任率，这主要归功于它的文化。

为了进一步激励持续学习，Degreed公司的员工每月可以获得100美元（或每年1200美元），用于任何个人学习活动，包括烹饪课程和水肺认证。这是通过一个名为FlexEd的程序来运行的，通过这个程序，员工可以获得一张预存的信用卡，可将其绑定到他们的Degreed账户上。如果员工学习的内容与他们在Degreed的角色直接相关，他们就能得到额外的报酬。FlexEd的目标是发掘个人的好奇心和职业潜力。相应地，Degreed让所有员工参与进来，让他们看到其他员工正在学习和提升的技能。

例如，去年，Degreed的产品管理总监瑞安·谢蒙斯（Ryan Seamons）就以多种方式消费掉了他在Degreed账户上的资金。他着实喜欢通过阅读来学习，他发现繁忙工作之余，上下班的时间很适合用来听有声书。于是，谢蒙斯订购了亚马逊旗下的有声读物品牌Audible。他还青睐Edx和Coursera提供的在线大学课程，因此他把一部分资金用在这类学习上。谢蒙斯使用了一些FlexEd程序上的资金参加了他所在业务领域的一个会议，他还花费大量时间学习互联网上可公开获取的免费资源。

如果大多数公司都接受持续学习文化，将会如何？持续的学习文化是一种氛围，在这种氛围中，学习是日常工作的一部分，而不仅仅是规范或必要培训。在这种文化中，员工在自由时间，以自己的方式，学习各种类型的知识，包括正式和非正式的，涵盖视频、文章、播客、书籍和参加活动等形式。每天围绕在我们身边无处不在的学习不仅能帮助我们为现在和未来培养技能，在持续的学习文化中，学习也应成为我们喜欢做和想要做而不是畏惧的事情。然而，许多公司还没有接受这种文化。为什么？答案是"管理"。

如何营造精进文化

作为一名经理，当你看到一名员工在看YouTube视频时，你会认为他们在偷懒吗？你认为他们是在浪费时间吗？当他们看到你的时候，他们会很快把屏幕切换到Excel表格吗？作为经理或领导，如果对此表示赞同，那你可能是一个控制型管理者。相反，如果你是一个把所有员工都视为敬业的管理者，雇用员工是让其将工作完成（但你并不关心他们是如何完成的），你就是一个权变型管理者。权变型管理者平易近人，员工们乐于与他分享自己的想法。

工作场所是一个有趣的研究对象。在过去的几十年中，有些模式一成不变。通常情况下，各个公司都有架构、机制、经理和员工，这些都可以看作"机器"组件，每个人都应该为这台运转良好的机器提供服务。这种模式在专业技能经济时代中已经过时。尽管大多数公司仍以这种方式运作，但从长远来看，这种模式终将被淘汰。

未来的工作场所将更具有自我指导性和自主性，这意味着员工可以根据自身情况在不同的地点、时间、方式下工作。但在大多数公司，控制权仍占很大一部分。领导、经理和人力资源部门已经安排妥当，他们笃信自己对员工的了解。他们说，为了保证协作，员工需要每天到办公室，在规定的时间内工作。一些管理者甚至会告诉员工如何完成工作或学习，剥夺了员工的自主性和创造力，工作效率因此大打折扣。

凯利在职业生涯早期，曾在一家科技公司工作，这家公司的人事经理坐在大楼入口处一间靠窗的办公室里，监控员工何时到达、何时离开。这位人力资源经理还和公司里的其他经理一样养成了一种习惯，他定期巡视办公室，确保每个人都在工作而不是在聊天。员工通常不太乐意在那里工作，也不会待太久。凯利认为，如果所有的科技公司都是这样，那么这种公司在业界的日子可能不会长了。

关于激励的研究表明，对员工实施"最好的方法"并不等同于"最正确的方法"。事实上，当人们被赋予自我引导的自主性时，他们会做得更好。丹尼尔·平克在《驱动力：有关激励的惊人真相》一书中生动地阐述了这一现象。平克说："无论是在公司、学校还是在家里，绩效和满意度的秘诀都是人类深层的需求，这种需求指导我们生活、学习和创造新事物，并使我们和我们的世界变得更好。"

同样的理念也适用于学习。人们不能被"控制着"去学习人力资源部门或学习部门安排的内容。当然，你可以让他们参加一个必修课，或者让他们点击一个在线课程，但你不能强迫他们投入学习。相反，员工需要弄清楚自己想要学习什么，并以自己的方式获取内容。正如平克所说："自主不同于独立。它不是美国牛仔那种粗犷、单干、孤军奋战的个人主义。自主意味着我们可以选择行动——意味着我们可以独自思考，也可以愉快地与他人共舞。"

尽管创新公司的数量与日俱增，但令人惊讶的是，其中很多公司仍然是专制文化。

控制的错觉

工作自主性是让员工发挥最大潜能，鼓励学习和创新的关键。主要特点是允许员工在工作时间和地点上灵活安排。然而，很大程度上，像谷歌、脸书、领英和苹果这样的公司，它们倾向于让员工每天到办公室来，因为这样可以促进员工之间面对面的交流协作。

但是，在大公司如此庞大复杂的工作环境中，员工们如何进行协作呢？其中一些科技公司，如谷歌、苹果、脸书、SAP

和甲骨文，在建筑物云集的园区中办公。这些公司如此之大，以至于员工不得不开车到这些大楼里与同事开会。所以在这类公司中，员工花几个小时的时间通勤，只是为了来参加视频会议，与不同大楼工作的人进行合作。如果员工在任何情况下都可以使用技术手段进行合作，为什么要强迫他们上下班通勤呢？可以说，这个原因就是控制。

凯利在雅虎工作的那几年，雅虎正陷入困境，公司在两年的时间里换了五位首席执行官，这让员工感到不安。领导和经理们每6个月都上演一次"王位大战"，公司的愿景和战略随之更改，员工们也经历一段艰难的时期。员工很难专注于工作，而且有一种观念，那就是他们正在做的事情可能对下一个负责人而言并不重要。然而，雅虎最为人称道的特点之一是灵活的工作方式。如果经理同意，员工可以远程工作，员工也有一定的自主性。

但关键是，能否获准在家办公，取决于经理的风格。控制型管理者希望每天都能在办公室见到他的团队，但权变型管理者会批准一个更灵活的提议。由于没有来自最高层的指导意见，也没有关于远程工作的明确规定，员工们常常感到无所适从。

例如，雅虎产品部门的一位经理因为团队没有可交付的产品而受挫，他将其归咎于远程工作。有一天，他拍了一张星期五停车场里汽车数量稀少的照片。他群发了照片，并附上评论，暗示停车场没有汽车，意味着那天的工作做得很少。颇具讽刺意味的是，为减轻员工的通勤压力，这家公司设有每天接送员工上下班的班车。虽然看到员工在办公室里充满活力地一起工作、一起创新、一起解决问题是件好事，但你没有看到并不意味着它没有发生。

当玛丽莎·迈耶（Marissa Meyer）在2012年成为雅虎首席执行官时，她得知员工利用雅虎的远程工作环境办公。迈耶决定禁止远程办公，这一决定在媒体和整个行业引发不小的争议。因为员工非常在意工作的自主性和灵活性，她的决议导致许多有才能的人离开了公司。客观地讲，可能有很多员工看重雅虎远程办公的工作方式，但工作量基本上应该由直属领导进行考量。如果做到这一点，也许情况会有所不同。

只有当管理者经常与员工讨论任务、设置目标、设定期望值和给予反馈时，自主性和灵活性才能发挥作用。如果远程办公效果不佳，管理者当然应该对员工无法交付工作成果负责。然后他们可以做出选择：要么进行及时的讨论，找出他们陷入困境的原因，要么解雇员工。毕竟，如果管理者不相信他们的员工可以做到远程工作，为什么还要雇用他们呢？如果管理者花时间和他们的团队讨论工作目标和交付成果，那么就不需要在意他们在何时何地工作。但实际情况是，管理者与员工的交流比想象中更费劲、更耗时。研究表明，管理者不给员工反馈，尤其是负面反馈，会导致员工缺乏参与感。然而，许多管理者将员工在办公室工作的时间作为衡量其工作生产绩效的指标。

为什么要营造一个控制的环境呢？换个角度，能否将这些控制型文化转变为赋权型文化呢？赋予有创造力、有创新精神、有智慧的员工以自由和自主性，促使他们提高工作效率，让他们这个过程中得以学习和发展。这才是真正创建以自主性和学习为核心的公司文化的关键，能最大限度地发挥员工的潜能。

Degreed公司是面向未来劳动力的公司之一。尽管Degreed有三个办公地点——总部在旧金山，一个分部设在盐湖城，还有一个分部在荷兰的莱顿——仍有世界各地的员工在家办公。员工可以随时随地工作，即他们在何地、何时工作以及如何工作都有自主性。公司每周都有视频会议，帮助员工联系和沟通，每一个实体办公室都以创新的方式促进协作。

例如，在莱顿的办公地点，团队选择在周二和周四到实体办公室办公，但这样做不是强制性的。为什么不是强制性的？因为给员工一个选择，使得他们有一种自主性、一种选择感。

这种自主性能激发员工的工作动力，重要的是，它也能给大家传递一种责任感。在此期间，他们觉得走进办公室是对彼此负责的，因为这是来自伙伴间的而不是自上而下的决定。在工作场所建立一种真正自主和灵活的学习文化的公司，将吸引到最优秀、最有创造力的人。而快乐、积极的员工会给组织带来更大的收益，包括更高的留任率、更高的生产效率和更高的积极性。

新雇佣关系

劳动力将持续演化和改变我们对公司文化的看法。在雷德·霍夫曼（Reid Hoffman）的图书《联盟》（*The Alliance*）中，他描述了一种在工作场所新出现的雇佣关系。现在人们换工作的频率明显提高，霍夫曼认为，管理者和员工需要更坦率地表达对工作关系的期望，无论这种关系会持续多久。他把这种新的雇佣关系描述为一种联盟，"一种独立参与者之间有明确条款的互惠交易"。这个雇佣联盟为管理者和员工提供了范本，那就是建立强大的工作信任，加强情感投入。

凯利和领英的许多领导开始在他们的员工中使用这个范本，它与我们前面描述的权变型管理者理念不谋而合。当一个新员工开始一项工作时，他会和经理讨论他们持续共事的期限。可能是两到三年的"任期"或者是霍夫曼所谓的"职位之旅"（Tour of Duty）。在这段时间里，员工应该为这份工作付出110%的努力，作为回报，领英承诺帮助员工培养职业发展所需的技能。在这个"职位之旅"中，经理和员工讨论其工作进展和里程碑，当这个旅程快要结束时，还会有关于后续行程的另一讨论。旅程结束后，员工通常会接受新的任务，可能还是在公司内部，也可能是公司外部的。

例如，在领英，凯利所在组织的一位主管——我们称她朱莉（Julie）——当时正在经历"职位之旅"。凯利和她有很好的合作关系，并且已经开诚布公地讨论过朱莉的职业理想。凯利在朱莉第一任期结束时提拔了她，并让她开始了第二旅程。在第二旅程，朱莉获得担任一家科技公司的学习型组织负责人的工作机会，她找凯利征求意见。虽然凯利对朱莉离开感到遗憾，但她知道朱莉下一阶段的职业发展方向是离开领英，凯利表示全力支持她。

这是如何运作新雇佣关系的典型案例。在大多数公司，当员工没有获得很多的指导时，他们就会从外部寻找新的机会，甚至在与经理商讨之前就会发出离职申请。然而，在朱莉接受另一份工作之前，她觉得找凯利讨论新工作机会是必要的。这给了凯利一个机会，有可能劝说朱莉在领英担任其他职位而留下来。在这种情况下，朱莉仍然选择离职而最终离开才更为合理。然而，即使朱莉已经离职，由于她们彼此坦诚，她们的关系仍然很牢固。通过这种牢固的关系，她们为未来再次合作打开了大门，并一直保持联系。许多公司就有很多这样的"回巢族"（boomerang）员工——他们离开时与原先公司的关系很好，后来又选择回来了。在这种情况下，即使员工离开了公司，他们也会为公司树立一个好口碑，特别是对具有尊重、信任和开放沟通文化的老东家。

如何营造持续精进文化

一旦公司建立了鼓励自主性和自我指导的积极文化，接下来就可以开始在工作场所树立持续学习的理念。以下是几种营造这种学习环境的方法：

1. 思考理想的学习型组织类型

想想你如何让学习成为员工喜欢做的事情，而不是他们害怕做的事情。许多公司都落入了这样的俗套：只根据公司的需要来决定员工的学习方法。这就是为什么一大批公司只有规范培训和必要培训文化。事实上，员工希望自己在职业生涯中能够成长和发展。人们天生有学习的欲望，我们需要激发、培养和鼓励这种欲望。

他们想要发展什么样的技能？他们想怎样学习？让你的员工参与讨论，这会激励他们进一步学习。

2. 沟通、沟通、沟通

如果你的员工对组织承诺持续学习文化一无所知，那么你怎么期望他们能参与进来呢？你应该确保这种承诺不仅嵌入公司的使命、愿景和价值观，而且嵌入员工所做的每一件事，这样每个人都能充分意识到学习是根植于公司文化中的。

或许更重要的是，作为领导者和管理者，你要确保通过不断提高自己的技能来树立和传达学习的价值。如果你的员工看到他们的领导和经理积极鼓励学习，他们就会参与到发展技能的学习中，这将使持续学习成为文化的一部分。

3. 为员工提供学习资源

听起来似乎是显而易见的，要确保你为员工配备了他们所需的资源，包括尽可能保证他们自主学习需要的资金。这些资源可能是图书馆的访问权限，可能是在线课程、订阅的有声读物、播客或视频。同时，在工作日给他们专门的时间来学习，以示对学习的支持。当员工在日常工作中不断受到指派时，期望他们学习新技能简直是异想天开。

4. 了解员工的职业目标

为了让学习变得有效，需要让学习与员工的职业目标相联系。管理者需要定期与员工沟通，更好地了解员工的职业目标、优势、发展空间，以及他们规划的短期目标、长期目标。定期检查以保证员工始终朝他们的学习和职业目标前进。但记住要做一个权变型管理者，而不是控制型管理者。大多数员工更倾向于接受一定的指导和辅导，而不是直接的命令指示。先进的技术使得职业目标更加明晰，并为职业目标的实现提供指导。例如，意大利轮胎公司倍耐力（Pirelli）正在使用一个专业发展平台Growithus来帮助指导员工实现职业目标，美国银行和联合利华都在使用Degreed平台来帮助员工设定职业目标，将员工的学习技能与职业生涯联系起来。

5. 把学习目标和更大的愿景联系起来

耐心向员工解释学习如此重要的原因，对个人和公司都有意义。学习将如何影响他们的个人职业道路？如何有助于实现组织目标和公司的愿景和使命？一旦员工对自己学习的意义和直接影响有了认识，他们就会更努力地实现组织目标。

6. 确保持续跟进

研究表明，顶尖公司在员工完成一项学习活动后持续跟进的概率是73%。这个跟进可能包括了解员工对这个活动的看法（好与坏），是否达到预期，以及他们如何将新知识应用到工作岗位中。如果没有这样的跟进，员工可能会在几个月后忘记所学到的东西，无法学以致用。

因规定要求而学习，还是因职业兴趣而学习，这两者之间相去甚远。持续的沟通非常重要，你应该与员工进行持续的职业讨论，并就目前的特定学习活动和正在培养的技能进行交流。这是你作为管理者应该给予的支持。

第 3 章

提倡个性化精进

个性化无处不在。过去的几年，为了满足日常体验个性化的要求，花样百出的软件应用程序被开发出来。声田（Spotify）提供个人音乐播放列表，向你推荐你可能喜欢的新音乐；奈飞为你提供针对性的观影建议；你可以用减肥宝（My FitnessPal）跟踪记录食物消耗量，并依据个人目标测量体重变化。Headspace应用程序可以让你根据自己的时间表、情绪和经验水平来选择个性化的冥想栏目。这些应用程序针对个人需求，不仅提高了用户的参与度，还提升了用户的身心体验感——它们是为你量身定做的。然而，个性化远远不只存在于我们日常生活中，它在学习中也起着关键性作用。

布兰登·霍尔集团（Brandon Hall Group）的研究发现，90%的公司认为个性化学习能促进个人发展，93%的公司认为个性化学习能帮助员工更有效地实现目标。尽管人们对个性化学习反响不错，但只有不到50%的受访公司承认他们在工作场所实施了个性化学习。

如果公司教育的目标是为了摆脱"一刀切"（One-size-fits-all）的状态，那么我们必须在学习中实施个性化。这意味着我们应该根据个体的专业技能、知识短板、特性、个人职业目标、所处的工作阶段、兴趣等为员工提供个性化的学习方式。这是一种能够帮助员工取得成效的学习方式。

为了帮助你的员工实现他们的目标，你必须根据他们的目标来制订发展计划，否则你就会面临失去优秀人才的风险，他们会离开公司去寻找那些有助于培养自身学习能力的公司。2015年，盖洛普（Gallup）的一项调查发现："93%的美国人通过跳槽获得了事业上的进步。"这表明，员工需要在工作中学习的机会和支持——尤其是在雇主希望长期留住优秀人才的情况下。

过时的标准

很多公司一直在员工的个性化学习体验上费尽心思，希望帮助员工培养工作技能、促进职业发展，似乎并不顺利，可能是否受到以往的工作实践和教育经历的影响。为了能够真正接受个性化学习的概念，我们需要了解工作是如何演化的。如今，劳动力中很大一部分是知识型员工，而不是工厂型员工。自1980年以来，需要较强社交技能（人际关系、沟通技巧或管理技能）的工作岗位从4900万个增加到9000万个，增幅为83%。此外，对分析技能（包括批判性思维和计算机使用技能）要求更高的工作岗位从4900万个增加到8600万个，增幅为77%。

这意味着几十年来，公司使用的标准化工作模式和教育体系已经过时。虽然弗雷德里克·泰勒（Fredrick Taylor）的科学管理方法在工业革命期间提高了工作效率、生产率和产量，但它不再适用于当下。在知识经济时代，我们劳动力的目标已经转变。今天，成功的公司致力于以最个性化、最精准的方式发现、发展和培养最优秀的人才。

没有所谓的"平均"

我们今天的教育体系非现代设计——它产生于工业时代，那时大多数人都在工厂工作，目标是提高效率。哈佛大学心智、大脑和教育研究生项目主任托德·罗斯（Todd Rose）认为，由于工业时代实施的标准化模型所产生的过时理论，公司和学校在实施个性化学习方面受到了阻碍。他说："现有的许多关于教育的假设，对个体学习者的理解，建立在'基于平均'这一高度限制性的概念之上。每天，我们以一个虚构的'平均人'的标准来衡量自身，根据我们与'平均人'的相似程度，或者我们超过'平均人'的程度来判断。"

公司培训通常以"标准"或"平均"人的概念为蓝本，但是，根据罗斯的说法，根本就不存在一个"平均人"、一个平均的教育，甚至一个标准的学习方式。公司需要摒弃"一刀切"的、标准化的学习模式，要让每个员工的学习体验都个性化。为了使学习真正有效果，这一切都必须落实到个体层面。

我们必须保持这样的心态：相信员工的智慧和潜力，以员工为中心。你必须把员工看作是学习业务的"顾客"。我们没必要对他们施加人为的限制，也不要认为他们不得力。如果员工没有根据他们个人的目标和技能短板来学习和培养技能，那么公司和员工都可能会面临失败的危险。公司需要对员工授权，并且支持员工围绕学习进行交流。

标准的职业路径

罗斯还认为，公司需要重新审视这样一种观点，即公司可以控制员工的职业道路，因为根本就没有标准的职业道路。为了支持这一观点，罗斯提出了"个体科学"（Science of Equifinality），即有多种方法可以获得成功的原则。罗斯补充道："达成目标的方法绝不会只有一种。这不仅适用于学习和事业，也适用于生物学和大脑；这是一个数学事实，不只有一个最优解。"

罗斯就是一个好例子，他的职业道路独特而有趣。他承认，他学习能力不强，高中时就辍学了。他通过参加当地一所大学的夜校考取GED①证书并最终获得本科学位，在这之前他做过几份薪酬很低的工作。然而今天，他是哈佛大学的一名教授。大多数人认为他的经历非同一般，但他确实到达了成功的彼岸。

凯利的职业道路也并非所谓的"标准"。她大学主修英语，先是在科技公司开发在线帮助系统，然后进入产品开发，接着到公司战略管理层负责并购整合，后来带领公司学习。一天，一位朋友问她："如果我想进入你的领域，你能告诉我，你是怎么做的吗？我也来学一学。"凯利告诉她的朋友，她的职业道路是她始料未及的。面对新的挑战和机遇，凯利相信通往正确职业的道路往往包含许多弯路，很少有标准的职业道路。

从经验中汲取知识

事实是，组织极少考虑自发的、有机的学习——这种学习是基于生活经验的学习，不会得到任何学分。许多公司会高看拥有MBA学位的员工，但忽视了其他人在现实生活中多年实

---

① GED全称是General Educational Development证书，是美国教育部针对因各种原因未获得高中毕业文凭的人提供获得高中毕业证的机会。

践积累的经验知识。

在凯利早期的职业生涯中，她领导太阳微系统公司的收购整合团队。这意味着，每当太阳微系统公司收购一家公司时，凯利和她的团队都要负责将所有新人和职能整合到公司业务中。如果公司有一个销售团队，那么她的团队就会制定合并两个销售小组的策略。工程、IT、客户支持、营销、财务和人力资源都需要整合策略来合并人员、程序和技术。做了两年的并购工作后，凯利觉得也许她应该回学校攻读MBA学位了。她身边有几十位商界和法律界的专业人士，他们都拥有知名大学的MBA或法律学位，她觉得自己需要一些专业层面的突破，仅靠工作中的经验提升似乎并不够。

凯利去找她的上司进行汇报，令她惊讶的是，上司认为她的想法不可思议。上司告诉她，如果她重返校园攻读MBA，她就只能坐在教室里听着有关公司收购的案例，而不能亲身体验收购过程。凯利的工作经验是大多数MBA学生只能从书本上学到的，并且，她的另一个优势是，她可以向同伴学习，并得到资深导师和教练的直接指导。事实证明，有时候最好的学习方法就是投入、尝试新事物和从失败中学习。

个性化的教育方式

戴尔·斯蒂芬斯（Dale Stephens）是社会运动联合学院（Un College）的创始人，也是《黑客你的教育》（*Hacking Your Education*）一书的作者。他比大多数人都清楚没有标准的职业道路。斯蒂芬斯认为，美国人花在大学教育上的资金很多，而学到的东西太少。

联合学院通过个性化学习使学员掌控自己的受教育方式，注重在非传统环境下培养学员的解决问题能力、创造力和批判性思维，帮助学员为未来做好准备。有些人喜欢在传统的大学里学习，但有些人却不同。对于这些人来说，大学教育不应该坐在教室里，而应该像社会运动联合学院那样，重视导师制，展示给学生来自世界各地的亲身体验，并指导他们利用可获得的丰富资源。

《不要为你的MBA课程买单：更快、更便宜、更好地获得你需要的商业教育的方式》（*Don't Pay for your MBA: The Faster Cheaper Better Way to Get The Business Education You Need*）一书的作者劳里·皮卡德（Laurie Pickard）是另一位个性化在线教育的先驱。她创办了免费MBA网站，并在海外工作期间完成了商科教育。当时她意识到，用攻读MBA学位所需的成本和时间，她可以通过在线慕课学习许多相同的课程，于是她为自己制定了两年课程学习规划。她的经历也表明，你可以定制自己的个性化教育，不需要遵循标准化的模式。

虽然像社会运动联合学院和免费MBA网站这样的组织已经被证明是个性化学习的典型案例，但许多学校和公司仍然抵制这种做法。其中有一部分原因是对个性化学习的误解。例如，亚利桑那州的一所学校设想了一种采用技术驱动的个性化学习模式。它让学习者独自待在小隔间的电脑前，与老师、同学基本隔离。虽然他们的考试成绩有所提高，但由于报名人数减少，这个项目被取消了。

罗斯认为："学生在一个只与计算机交流的孤立环境中学习，这绝不是我们想要的结果。一个被精心设计和执行的个性化学习模式可以增强师生互动，是为了腾出更多的时间来让师生之间、学生之间进行高质量的交流。你可以建立一个促进深层社会互动的系统，这个系统能够识别个体的特性，并根据不同的个体做出回应。"

人们普遍担心，使用学习技术将减少对教师和指导员的需求，但现实是，当涉及学校和组织中的个性化学习时，交流互动必不可少，专业教学人员将比以往任何时候都更紧俏。专注于推进教育发展的盖茨基金会同意这种观点，并指出："在个性化学习中，学生是主导者，老师是推动者和顾问。"

个性化学习的主要目标之一是从根本上将学习的生态系统优化并整合。它不是一个非此即彼的命题，而是将学习者的动机、计算机技术以及在线学习的优点结合起来，获得教师和同行专家的支持。学生或员工都可以在网上获取知识，但他们仍然需要老师和同伴一对一的帮助，以便他们练习和解决问题。技术起着关键的作用，但正如罗斯所说："解决办法不是简单地将一个旧的现存模型和问题放到网上——例如，参加一个课堂教学的课程，并对其进行录像，然后放到网上，这不是解决方案！"

个性化学习方法的基础是人际交流。通用型的课程、标准化的职业道路和刻板的绩效评估都是过时的系统内容，需要转变成一个倡导个性化学习的系统。罗斯认为问题在于，即使是那些拥有大量资源的数据驱动型公司，"也没有借助这些数据来将员工的工作经历个性化"。我们有一个极好的机会来改变这种模式。

罗斯强调："要想更新过时的系统，我们需要找到开明的首席执行官，对他说，我知道这不可思议，但归根结底，你的根本目的是寻找和发展更多人才，更多不同类型的人才，更多的专家，并成为真正的学习型组织。我认为没有人会否认这个成果。这里有一个巨大的'先行者'优势。如果作为一家公司，你能做到这一点，那么你培养内部人才的能力将是首屈一指的。"

支持个性化精进

为了使个性化学习落地生根，公司必须大力支持，并为员工创造一个能够顺利实施学习计划的环境。员工需要对他们的学习和职业发展负责，在这个过程中，管理者也应该提供相应的反馈、建议、指导。

你可能觉得，即使没有管理上的支持或个性化技术的帮助，自我激励型员工也会掌控自己的学习。但是，如果你去问大多数人他们去年学了什么，能回答这个问题的人恐怕不多。这就是个性化学习记录或个人资料的作用——帮助人们记录他们每天进行的有价值的学习。归根结底，你要学会为自己的目标而努力。

让我们以30岁的软件开发工程师、学习爱好者里克·罗德里格兹（Rico Rodriguez）为例，他通过个性化的自我指导学习如何编码。里克在耶鲁大学（Yale University）学习神经科学，但最终他决定放弃神经科学的职业，大学一毕业就在网络教育公司Moodlerooms从事销售工作。后来进入谷歌，在谷歌的报价组担任销售助理，帮助销售代表获得了精准的、高质量的销售线索。

当里克（Rico）辅助销售代表时，他发现谷歌的电子表格有一定的局限性，使得执行经理要求的一些分析任务变得困难，所以他开始思考解决方案。他决定从Python编程语言开始，学习如何编程。但是，他也觉得自己需要一位导师来帮助自己学习，于是在谷歌找到了一位令人尊敬并愿意在他学习这项新技能时给予一些指导的人。里克学会了Python编程语言之后，考虑到有些工程师都没有足够的带宽，他向经理建议将新技能应用到一个项目上——一个计算机应用程序，谷歌销售代表可以用它来代替烦琐的电子表格。里克的经理同意让他负责这个项目，于是里克从销售转向软件开发。

像里克这样的知识型员工倾向于将学习掌握在自己手中，从而拓宽自己的职业道路，但这并不是唯一因素。有两个重要的因素影响了里克进入软件开发的动机和决心。首先，他有一个相信他有能力学习新事物的经理，这个经理给了他机会去尝试新事物——在这个例子中是为销售团队设计计算机应用程序。其次，他找到了一位导师，指导他如何快速学习。有时，经理既是榜样又是导师；有时，不同的人扮演不同的角色。总的来说，要使个性化学习发挥作用，学习者必须是推动目标的人，管理者应该提供支持，导师可指导进程并给予反馈。

然而，有支持还不够，人们首先必须有学习的动力。例如，没有人要求里克学习用Python编写代码——他制定了一个具有挑战性的目标来激励自己。从那时起，他走上了个性化学习的道路。没有最初的自我驱动和自我激励，任何有意义的学习都是不可能发生的，而且没有比直接将新技能应用到实际工作中更好的学习方法了。在设定了自己的个人目标之后，里克找到了一位能够对他的工作进行反馈的导师。最后，里克发现了有用的编码学习资源（在线的和线下的），于是他腾出时间来学习，一边学习如何编码，一边开发应用程序。

里克对导师的反馈进行了反思。他犯过很多错误，并通过反复试验和试错来学习如何使用Python编程。由于他是基于专业目标和技能短板来实施个性化学习的，所以他能够在谷歌开发出一个成功的应用程序，并帮助解决了实际的业务问题。

里克在谷歌工作了几年之后，凯利聘请他到领英的学习技术平台工作。她发现，把里克在编码和神经科学方面的技能应用于一个专注于个性化、社会性学习的平台，是一个绝妙组合。但他的技术和技能并不是凯利决定聘用他的唯一理由。里克充满好奇心、有很强的学习敏捷性，对自己的学习和职业发展有主动性——正是这些特质让他走上了成功的职业道路。

在里克职业生涯的下一个阶段，他决定学习更多关于数据科学的知识，这是许多知识型员工认定未来很重要的顶级技能之一。数据科学帮助人们探索各种形式的数据，并从中挖掘有意义的知识和洞见。与用Python编写代码的方法一样，里克将使用个性化学习，并利用各种学习资源，包括寻求该领域的专家或导师来指导。里克的经验表明，成功的个性化学习包含学习动机、导师指导、学习资源三个要素。

精进敏捷性

里克的突出特点之一是他的学习敏捷性。今天，公司需要敏捷性学习者来解决棘手的问题。毕竟，你是愿意雇用一个真正有好奇心、想要学习和渴望培养新技能的员工，还是愿意雇用一个需要别人告诉他该做什么、得过且过的员工？尽管雇主在帮助员工学习和为未来做准备方面起着重要的作用，但在招聘方面，员工的好奇心和求知欲也不容忽视。

事实上，学习敏捷性是现在以及将来最需要的能力之一。罗斯认为，如果一个组织在招聘时，没有对候选人的类型进行重点考察，可能会犯代价巨大的错误。"每错招一名员工，单单是人员流动、招聘和入职方面，公司所花的成本就是相当大的。招聘失败意味着巨大的浪费。如果我们能提供一幅更细致、准确的画像，告诉你什么样的人才能胜任这份工作，对你的公司来说大有裨益。如果你把这些原则应用到学习型组织的建设上，那么你就更加轻松了。"

让我们了解一下卡梅伦·罗杰斯（Cameron Rogers）的故事，另一个关于学习敏捷性的例子。当卡梅伦在俄勒冈大学（University of Oregon）学习公共关系和市场营销时，在一次社交聚会上，他偶遇硅谷一家小型培训公司的首席执行官，这位首席执行官迫切需要一份社交媒体营销策略。当他知晓卡梅伦在学校里学习这门课程时，给了卡梅伦一个在公司做暑期实习的机会。机会如此难得，卡梅伦兴奋之余也很忐忑。他对自己在推特、领英和脸书等社交媒体工具方面的知识很有信心，但他之前从未为一家实体公司设计过使用这些社交媒体工具的营销策略。更让他焦虑的是，他在大学里的社交媒体营销课程要等到秋季学期也就是实习结束之后才会开始。

尽管如此，卡梅伦还是很想知道如何才能学会制定社交媒体策略，这样他才能在实习中有所收获。幸运的是，俄勒冈大学为学生提供了丰富的在线资源。他进入学校社区，搜索发现了许多在线学习资源。特别是盖伊·川崎（Guy Kawasaki）的一门在线课程"如何撼动社交媒体"，以及Lynda平台的另一门课程"营销基础：社交媒体"对他很有帮助。事实证明，这位首席执行官也是一位很好的导师，他在卡梅伦的整个实习期间为他提供反馈。经过几轮迭代、重复学习和中肯反馈，项目最终以这位首席执行官满意的结果交付了。

这种自我导向、个性化的学习方式是卡梅伦成功的关键。多亏了他的学校和在线资源，他找到了他所需要的知识来填补自己的技能空白。他获得了能立即在一家公司付诸实践的新技能，此外，他还获得了可以放到简历和领英档案中的宝贵经历。当社交媒体营销课程在秋季开课时，这种工作中的真实经历让卡梅伦具有了极大的优势。卡梅伦所展现的主动性和学习敏捷性足以说明他未来将是明星员工。

这种方式的优势是显而易见的易趣正在寻找像卡梅伦这样的员工。公司雇用那些具备很高学习敏捷性的员工，而且一旦员工被雇用，易趣也会在员工中推广个性化学习和职业发展策略。

易趣将其新的全球学习理念介绍给员工，强调所有员工都应该对自己的职业发展负责。并且，员工可以放心，他们并不是孤军奋战的，易趣为员工配备相关的工具、指导和帮助，为他们保驾护航。易趣的职业发展和个性化学习策略有四个重要组成部分：

- 职业探索；

- 学习和培养技能；

- 新技能实践；

- 成果分享。

让我们来更详细地研究每一部分。

第一步：职业探索

首先，易趣要求员工重温自己的职业理想，这是一种鼓励自我探索的方法。在这个阶段，员工可以使用Fuel50工具来帮助实施，这是一款能够显示、探索和规划员工的职业旅程的职业导航产品。开发这个工具的目的是深入了解员工的学习动机和兴趣。例如，员工会被问到这样的问题："什么对你来说是重要的？"以及"作为一个人和一名员工，你最看重什么？"它还有助于定义人才和确定员工想要使用的技能以及他们想要发展的技能。对于员工来说，这是一个很好的起点，帮助他们勾勒出自己是谁、想要什么，以及职业去向的"蓝图"。

第二步：学习和培养技能

一旦员工完成了职业探索阶段，他们就会利用Degreed平台来确定他们主攻的技能方向——他们甚至可以针对某个特定的职位，挖掘该职位所需的技能——并开始制订技能计划。然后，他们可以使用Degreed平台上的产品对他们选择的技能进行自我评估，并请他们的经理和同事对这些技能进行评价。一旦他们对自己需要关注的技能有了清晰的认识，Degreed平台就会从学习途径的角度来策划他们的学习内容，以此来丰富他们的学习计划。学习内容包括视频、书籍、播客（Podcast）、面授课程和在职学习体验等内容。然后，Degreed显示员工在学习上的进步，并在他们建立个人学习档案时增加个人技能这一项。

第三步：新技能实践

当员工掌握了新技能后，他们就可以通过公司与Rallyteam合作建立的内部职业市场，寻找与新技能相匹配的实际工作和项目机会。易趣的做法是明智的：为员工提供应用技能的机会至关重要。如果员工掌握了新的技能却不能应用，那么他们学习的内容就会被遗忘。当这种情况发生时，员工就会失去动力，可能会到其他公司应用他们的新技能。帮助员工在公司内部找到提升和成长的机会是易趣学习策略的重要组成部分。这个策略的独到之处是，允许员工保留当前职位，同时在其他项目上实习。例如，假设一名员工将项目管理作为一项新技能来学习，他就可以进入内部职业市场，找到一个项目来实习，进而获得重要的实际工作经验。

第四步：成果分享

项目的最后阶段是与他人交流。公司组织了展示活动，并创建了一个网站，员工可以分享他们的个人职业生涯，与他人建立关系网络，并加入社区分享他们的学习经验。

"Brilliant" 的个性化精进理念

Brilliant.org是一个面向学生和专业人士的在线社区，专注于数学和科学等相关主题的个性化学习。该公司的联合创始人兼首席执行官苏·基姆（Sue Khim）在2012年入选福布斯"30位30岁以下的教育界人士"榜单，她在26岁时创立了该公司。

数学教授、科学家和其他技术人员提出难题和挑战，由学生们去解答。根据解答情况，学生们还会遇到新的挑战，学生也可以自行推进。下一步是在Brilliant.org社区分享他们的答案和问题解决方法。Brilliant.org倡导的原则与本书中提出的理念一致，也与个性化学习方法一致。以下是来自brilliant.org的实用性指导，与员工分享更加个性化的学习体验：

- 兴奋。教育面临的最大挑战是缺乏兴趣和态度冷漠。

- 培养好奇心。培养天生的好奇心好过考试的威胁。

- 积极主动。有效的学习是主动的，而不是被动的。光看视频是不够的。

- 多用。用进废退：学以致用很重要。

- 社区驱动。一个给你带来挑战并激励你的社区是难能可贵的。

- 反对歧视。你的年龄、国家和性别并不能决定你能学什么。

- 允许失败。最好的学习者允许自己在学习过程中犯很多错误。

- 绝妙的问题。伟大教育的顶点不是知道所有的答案，而是知道该问什么。

个性化精进的技术

技术在帮助员工进行个性化学习方面起关键作用。第6章详细阐述如何通过正确的技术获得成功，但是值得一提的是，Degreed是一个很好的技术平台，它使个性化学习成为可能。Degreed是一个以人的学习体验为核心的平台。它帮助个人和公司发现学习机会、培养技能，并记录下职业生涯各个阶段的个性化学习。公司提供个性化学习技术不仅使员工更容易掌握技能，而且使学习更有意义。员工有机会学习新的技能，了解自己并成为终身学习者。

罗斯说：

"像Degreed这样的个性化学习平台帮助人们了解自己——我的意思是，真正知道自己是谁。当然，学员是来学习的，个性化的学习可以帮助你完全了解你自己。你正在培养一项令人难以置信的技能，即成为一名终身学习者，你知道自己擅长什么，并将学习与现实生活联系起来。我们需要支持这样一个过程。"

如何进行个性化精进

如果你想让员工进行个性化的学习，你该如何开始呢？以下是一些你可以在公司开展个性化学习的方法。

1. 帮助员工了解他们的技能、强项和弱项

评估是帮助员工和经理了解员工技能、强项和弱项的好方法。市场上有许多不同类型的评估方式，而你选择何种评估方

式取决于你要求个性化的程度。许多公司和领导者采用360度评估的方式，即员工进行自我评估，进而从经理和同事那里得到反馈。也有针对个人的免费在线评估。例如，Pluralsight通过简单的知识测试来衡量开发人员的编程技术水平，从而使他们能够个性化自己的学习。Degreed还提供了一种能识别用户拥有什么技能和需要什么技能的方式（更多内容见第8章）。主要目的是让员工对自己形成个性化的认知，从而量身制订他们的技能学习计划。大道至简——想想你在一年中可以实际学习多少技能。

2. 创建个性化的学习计划

一旦员工对专注学习的技能有了清晰的认识，他们就可以根据自己的知识、学习和职业目标制订个性化的学习或技能计划。鼓励员工关注自身需要，根据目标绘制进度图表。学习计划不同于作为绩效评估一部分的发展计划。绩效评估几乎是惩罚性的。相反，学习计划是鼓舞人心的，它能够激发你的员工学习新技能的渴望。

3. 创造灵活的支持性学习环境

一旦你的员工对他们想要学习的技能类型有了清晰的认识，就由领导者和经理来指导他们的学习。更重要的是，在员工迎接新挑战时，提供一个无论成败都让员工有安全感的环境。这意味着，鼓励你的员工在工作中学习，并给他们时间来发展自身需要的技能。此外，如果你知道员工想要培养什么样的技能，那就给他们分配一些任务，拓展他们的能力，挑战他们的个人职业生涯。对员工来说，特别是那些资质过剩的人，跳到他们并不熟悉的领域可能会引发阵痛，但是如果能够得到支持和鼓励，这些机会将帮助他们重塑职业生涯。

第 4 章

攻克内容过载

当你想学一些东西的时候，你下意识的举动是什么？你可能会求助于谷歌，答案也许不像你想象的那么简单，这取决于你的搜索方式。举个例子，假如你想了解更多有关社交媒体的信息，你在谷歌搜索引擎中输入"社交媒体"，你将得到超过2.5亿个搜索结果。如果你试图搜索得更具体，输入"学习社交媒体"，搜索结果缩小到大约3000万个，虽然比之前减少了很多，但对我们而言，信息仍旧浩如烟海。问题就在于，我们根本跟不上全球信息产生的惊人速度。

许多专家预测，数字世界的规模至少每两年就会翻一番（基于2010年至2020年50倍的增长）。由于这种内容的冗余，我们逐渐淹没在海量信息中，没有耐心获取对自己真正有用的信息，并且还有数不清的网站、应用程序和视频剪辑分散我们的注意力。我们浪费太多的时间去筛选信息，以至于真正用来学习的时间所剩无几了。

然而并非只有坏消息。我们可以运用先进的学习工具攻克内容过载。在本章中，我们将讨论不同类型的学习内容，以及公司如何利用学习工具来帮助员工学习、获得专业知识，培养技能。

需求瞬息万变

尽管确实存在海量的冗余信息，但我们还是有办法获取我们想要的内容，开启学习之旅。想想我们一生中有多少丰富的学习资源。精彩的学习内容随处可见。我们几乎可以不费吹灰之力学习到分布在全球各个地方的终端设备上的内容。我们可以迅速获得所需要的信息，而这仅仅是内容共享化的开始。信息尽在掌握是好事情，但前提是，我们能够帮助茫然的学习者在需要的时候能找到他们想要的资源。

那种需要的时刻通常发生在工作中。例如，假设你需要弄清楚如何"用数据说话"，并在第二天提交给你的老板。你等不及一节"用数据说话"的课来帮你，因为你现在就需要。如果你能轻松地找到你想要的，而不用费力浏览数百万个搜索结果，那该有多好呢？

有趣的是，当我们紧急需要时，谷歌并不是我们首选的求助对象。2016年，Degreed进行的一项研究发现，当人们想要学习的时候，他们首先询问他们的同伴、老板或导师，然后再搜索互联网，最后才咨询他们的人力资源部或学习部门。研究结果表明，人们喜欢相互学习，也喜欢从互联网中学习。公司应该注意到这些现象，领导者应该问问自己："当我想学一些东西的时候，我该怎么学习呢？"只有真正了解我们每个人是如何学习的，我们才能构建出对所有员工都有效的学习平台。

英特尔（Intel）数字平台总监蒂姆·昆兰（Tim Quinlan）在为公司制定数字学习策略时，深谙学习的重要性。当蒂姆·昆兰向老板展示他的策略时，他并没有使用PowerPoint演示文稿或电子表格来展示学习的重要性。他只是和老板闲谈，问他喜欢怎么学习。他的老板回答说他经常在网上搜索信息，但总是找不到他要找的东西。于是，昆兰请老板在他提议的学习技术平台Degreed上做同样的搜索，老板惊喜地发现，他想要的课程内容和学习方法立刻跳出来了。正如昆兰所展示的那样，当员工需要的时候，聚合学习资源、编辑学习内容，便于员工获取，是建立新知识和新技能的第一步。

靠知识付费精进

在攻克内容超载问题和拯救被海量信息淹没的员工时，最好先明晰手头在线学习资料分类，以及公司使用这些资源的方式。关于学习内容的构成，确实存在争议。公司通常提供两种形式的培训：教师主导的课堂培训和电子学习。学习型组织可以自定义学习内容，或者斥资邀请专业服务机构为他们量身打造学习内容。凯利回忆说，单单为其员工制作一个在线规范课程，一个IT部门就花费了30多万美元！

多年来，在线学习常常会让人联想到解说者讲解PowerPoint演示文稿的无聊画面，或者某种枯燥的规范培训。但是今天，针对任何你能想到的话题，大多数公司都有兼具思想性和创新性的学习内容。有一些学习内容在内容库里，个人或公司可以通过付费的方法订阅服务；有些内容则是免费的，任何人都可以自由访问。即使是在线规范培训也有趣味，这要感谢像喜剧剧团第二城（Second City）这样的公司，他们让培训变得不仅有意义，而且有趣、有吸引力。

在线学习的优点是每天都有更新。最新技术、最新方法、最新研究的学习内容被上传，我们能够访问这些可获得的信息——有些是即时的。然而，并不是所有的人都知晓这点，即使是那些自称终身学习者的人。皮尤研究中心（Pew Research Center）在2016年做了一项关于终身学习和技术的调查，调查发现，虽然70%以上的美国成年人认为自己是终身学习者，50%以上的全职或兼职工作者参加了岗位学习，进入了职业生涯，但是，大多数成年人对他们所能获得的学习技术和资源几乎一无所知。以下是详细调查结果：

- 61%的人对远程学习知之甚少或一无所知；

- 79%的人对可汗学院（视频课程）知之甚少或一无所知；

- 80%的人对大规模的在线开放课程（慕课）知之甚少或一无所知；

- 83%的人对数字徽章知之甚少或一无所知。

数字学习内容日新月异，因此，我们需要了解哪些内容可获得、哪些内容有效，以及公司和员工所擅长的领域非常重要。提高组织学习质量的首要任务，是熟悉这些宝贵资源。现在低成本、高质量的数字内容非常普遍，可获得的学习内容是组织不容忽视的学习资源。

公司绞尽脑汁为员工选择最佳的学习内容。例如，免费的在线视频平台TED（指技术Technology，娱乐 Entertainment，设计Design在英语中的缩写）提供了来自世界各地思想领袖的简短（18分钟或更短）的、有影响力的演讲集。比尔·盖茨（微软）、埃隆·马斯克（特斯拉）、杰夫·贝佐斯（Jeff Bezos）（亚马逊）、谢尔盖·布林（Sergey Brin）（谷歌）和史蒂夫·乔布斯（苹果公司）等商界领袖都曾在TED上发表过鼓舞人心的演讲。此外，TED也包含一些鲜为人知的思想领袖们的话题，从加里·卡斯帕罗夫（Garry Kasparov）的

《人工智能》，到布琳·布朗（Brene Brown）的《脆弱的力量》。许多公司将这些视频作为学习内容的一部分，启发员工创新思维，激发员工创新精神和工作动力。

YouTube是另一个提供各种教学视频的热门信息来源。例如，从如何给自行车换轮胎到数据科学和神经科学的概念，大卫学习了大量YouTube上的内容。众多的网虫定期更新YouTube上"如何去做"的视频。而最受欢迎的一些教育和教学视频是由可汗学院发布的。

可汗学院

可汗学院的诞生过程是教育界众所周知的故事。10多年前，教育家萨尔曼·可汗（Salman Khan）的表妹娜迪亚（Nadia）在学校里数学和自然科学课成绩排名靠后，请可汗帮忙辅导。因为可汗住在波士顿，娜迪亚住在新奥尔良，可汗通过打电话来辅导她。可汗帮助娜迪亚脱颖而出，让她从数学几乎不及格的差生变成了班上的尖子生。由于效果不错，越来越多的亲戚寻求他的辅导。后来，一个朋友建议他制作课程视频发到网上，方便他们查看课程视频，这样整个过程会更加高效。

随着时间积累，可汗制作了成百上千的学习视频并在YouTube上发布。尽管可汗不是第一个在网上发布教育视频的人，但是他的风格却吸引了大量的观众。对世界上一些没有受教育机会的人来说，可汗的学习视频改变了他们的生活。

可汗学院变得越来越有名，他精心打造的内容带有强烈个人色彩。从他熟悉的数学开始，然后是科学，到后来他开始进入解剖学和某些他不擅长的学科。对其他科目的钻研让可汗觉得很有趣。对他来说，还有另外的意趣："我花了大约30%~40%的时间持续制作视频，这是最好的工作。我认为自己是最幸运的人，因为这是我喜欢的。我不知道还有什么其他的工作，让你花30%~40%的时间去学习新事物——并利用那些知识去帮助他人。"

随着受众的增加，可汗开始热衷于向那些可能从未接受过任何教育的人提供学习机会。可汗吸引了一些大的投资者，如斯科尔基金会（Skoll Foundation）、比尔及梅林达·盖茨基金会和谷歌，这些投资者都认为可汗是促进教育变革的催化剂。十多年以来，作为非营利性组织，可汗学院在网上提供的课程超过10亿种。全世界每月有800万人使用这些免费内容。它已经发展到涵盖数学、科学、艺术、人文、经济和考试准备等各方面的课程。总的来说，可汗引领了一场教育革命，彻底改变了大众学习和吸收新知识的方式。

"翻转课堂"

可汗所做的远远超出了课堂教学。他的方法在很大程度上影响了公司的学习。他的视频使一些老师能够"翻转"他们的课堂。学生在课下自行观看视频，然后老师在课堂上进行讨论和指导。这一概念对公司学习也有挑战意义。

一些公司已经将翻转课堂应用于员工学习。通过这种模式，员工在自由时间里，以自己的进度，通过观看视频来获得"知识"（就像可汗的表妹娜迪亚那样）。然后，公司召集员工，让员工当面交流，切磋技艺，解决实际的业务问题。在线学习与面对面会议的结合是学习与协作的强力驱动。在企业界，在工作时间安排培训是极其浪费和低效的（想想公司在课程、酒店和机票上花了多少钱，更不用说员工离职的成本）。

作为一个领导者，如果你要将员工召集在一起，那你就要让这场聚会有意义。要求员工利用这段时间向同事学习，就他们学到的内容和概念进行有意义的讨论，并为紧急问题制定解决方案。这是公司迈向成功的一种积极探索。

可汗学院公司化

可汗学院还与公司合作，帮助公司的员工和客户培养技能。例如，他们与美国银行合作，为客户创建了一个项目，帮助大学毕业生就业和个人理财。其特色视频帮助年轻人思考他们的职业，并衡量他们的职业热情与任何特定职业之间的薪水问题。

在可汗学院制作的视频中，年轻的职业人描述了某一特定职业需要的技能、薪水，这让大家对这个职业有了初步的印象。我们应该投入精力帮助刚毕业的大学生为工作和职业生涯做好准备。埃森哲（Accenture）认为，每10个大学毕业生中就有8个在毕业时没有做好成为"职业人"的准备。根据美国银行的研究，60%的大学毕业生更在意激情而不是薪水，但他们也需要了解选择的经济现实。

可汗学院并不是唯一一个开放的学习资源。无独有偶，新的学习资源已经面世，并在全球范围内推行教育民主化进程。

大型在线开放课程（MOOC）

2011年，发生了一件新鲜事：斯坦福大学的两位教授推出了三门在线课程慕课（MOOC），外校学生可以免费获取斯坦福大学学生的学习内容。斯坦福大学可是世界上最难进入和最负盛名的大学之一，在2016年，4.4万名申请者中只有4.8%的人被录取。

从本质上讲，慕课是一个学生自定进度、可扩展、可访问、可支付、面向世界开放的在线学习试验。当斯坦福大学慕课"人工智能导论"首次推出时，世界各地有16万学生注册报名。

慕课为学习者开放在线课程，布置由计算机评分的作业。完成课程学习和作业后，学员将获得一份成绩单。慕课实际上由远程学习模式演变而来，学员可以远程学习，而不是必须待在教室里学习。Coursera和Udacity是由斯坦福大学提供公开在线课程的项目公司，最知名的免费开放在线课堂平台是EdX。在过去的三年时间里，来自世界各地的2500多万人已经注册，虽然完成率并不乐观（Coursera约为4%），但效果仍然显著。

　　慕课的初衷是为支付不起学费的人提供受教育的机会，但过去五年的研究发现了有趣的态势。据《哈佛商业评论》报道称，"入学者主要是发达国家受过良好教育的居民"，许多人利用慕课培养技能，发展自己的事业。52%的受访者表示，他们的目的是改进工作或跳槽——他们是"建功立业者"。在这些"建功立业者"中，87%的人报告称这种在线学习是公司福利。

　　Coursera和Udacity自从成立以来，已经形成了商业模式，专注于职业人的学习，而不仅面向本科生。他们将公司和（或）大学联系在一起，开发聚焦特定主题的学习内容。例如，Udacity与梅赛德斯-奔驰合作，制订了基于项目的无人驾驶汽车课程计划，而Coursera则与谷歌联手，利用谷歌云开发了大数据和机器学习的课程。

　　产业和教育之间的这种合作，对于想要进入支持学习的公司或者进入新职业的人来说，帮助很大。比如，假设你想成为梅赛德斯-奔驰的自动驾驶汽车工程师。学过Udacity创建的课程，你在招聘过程中具有明显的优势。这也对公司（在本例中为梅赛德斯-奔驰）有利，因为这样能够吸引已经熟知产品（其新自动驾驶汽车）的申请者。企业现在意识到，它们需要参与帮助培养未来技能，这是一个积极的信号，特别是大学一直在努力跟上新工作和新技能的快速变化。

安盛（AXA）是法国最大的保险公司，安盛认识到向员工提供相关学习内容的重要性，因为这样可以帮助员工为未来工作做好准备。该公司最近宣布与Coursera建立全球合作伙伴关系，合作培养一种以自我为导向的学习模式，为其部分员工提供相关技能。1000名员工将有机会访问一个Coursera课程库来提升他们的商业智慧。50%的学员将获得认证，64个国家的安盛员工将参与300多门课程，主题包括领导力、数字营销和数据科学。欧莱雅（L'Oréal）是另一家利用Coursera来帮助员工培养技能的全球性公司，公司的目标是50%的员工通过自我导向或者数字化行动进行学习。

然而，许多公司似乎在很大程度上忽视了招聘和留住优秀人才的重要性。据《哈佛商业评论》的莫妮卡·哈莫里（Monika Hamori）说："很多想在工作中更上一层楼的人都在自谋生路。"公司不愿投资那些最终可能会离开公司而去往竞争对手公司的人才。另一方面，员工将进修学习视为对自己现在和未来的投资。许多公司不支持员工通过慕课学习的原因之一，是他们没有意识到慕课的好处，比如学费低、没有差旅费、对日常工作的干扰少。如果我们能让公司和员工围绕慕课进行讨论，将形成一个不错的双赢局面。

学习内容库

提及在线学习内容，视频教程和慕课只是冰山一角。当今市场上有数百个基于订阅、付费的在线学习库。最受欢迎的包括OpenSame、Pluralsight、Safari、Lynda.com、Skillsoft、Creative Live、Treehouse和Udemy。内容库提供成百上千的课程和（或）视频内容，帮助员工以自己的节奏学习相关主题。一些内容库非常庞大，涵盖了各种各样的主题和技能，另一些则专注于技术研究领域。个人可以购买订阅，然后在自由时间学习，许多公司会购买供全公司使用的内容，为所有员工开通访问权限。

总部位于犹他州的Pluralsight提供了一个以科技行业为重点的学习视频内容库。该领域专家创建的技术学习内容以视频为基础，帮助人们建立移动开发、web开发、机器学习、人工智能和虚拟现实等方面的技能。除学习内容之外，还为参与者提供技能测验、学习检查和讨论板。

最近，谷歌与Pluralsight合作，共同应对印度的技能差距挑战。据印度IT培训协会NASSCOM称，谷歌与Pluralsight的合作伙伴关系正在帮助印度390万人更新工作所需的技术技能。此外，该合作关系重点帮助新开发人员掌握技能，以适应今年内即将上线的15万个新技术岗位。

微精进

微学习与传统公司培训截然相反。微学习不是在教室里坐8个小时，而是提供微型的学习内容。学习内容通常只持续几分钟，而且可以通过手机轻松获取。总部位于纽约市的科技公司Grovo以微学习而闻名。根据人才发展协会的数据，目前使用微学习的公司中，92%的公司正在计划开展更多的工作，而没有使用微学习的公司中，67%的公司则正在计划启动微学习。

公司看重微学习内容的适用性。首先，员工可以利用日常工作之余的碎片时间进行学习，而不必专门抽出时间去参加培训课程。其次，员工可以通过微学习获得足够的素材来帮助他们完成手头的任务。最后，微学习有助于强化学习，提醒员工回忆内容和概念。Gap、雪佛龙和百事可乐等许多公司都引入了微学习。

Grovo前产品副总裁马克西姆·奥夫相尼科夫（Maksim Ovsyannikov）表示，开发微学习是为了让内容更简洁，更有针对性。在大约5分钟或更少的时间里，一段典型的微学习内容试图：

- 陈述问题；

- 总结重要性；

- 提出解决办法；

- 举例说明解决方案的使用；

- 总结和测验。

奥夫相尼科夫举了这样一个例子："想象一下，一个新经理正在进行首次一对一会面。在其即将进入这种类型的第一次互动之前，一个颇具见解的微学习课程能够迅速地提供有效的一对一的指导。"

奥夫相尼科夫认为，人们对微学习有两大误解。"首先是一种错误的观念，认为不可能通过微学习提供更广泛的知识，微学习只能用于小碎片学习。"

这并不准确。微学习可以有效地植入学习路径中，在每天学习过程中，以全新的方式传递知识。不仅企业学习组织中的专业人员能够策划各种主题的内容，而且员工中的主题专家也能够分享他们的专业知识。这意味着所有员工都可以参与学习和指导他人。让员工自行选择对其有意义的学习途径，能够有效积累专业知识，缩小与他人的技能差距。

微学习的第二个主要误解存在于内容提供者中，他们中的一些人宣扬这样的观点：如果内容不是来自他们，那么它就不算微学习。这是一个错误的解读，因为任何遵循良好教学设计原则的人都可以开发微学习，只需要简单地缩短内容，使其更加简洁，同时不断地测试和总结知识。

奥夫相尼科夫认为："几乎任何人都可以建立微学习；事实上，构建微学习内容比传统学习内容更容易，因为它更灵活、更易于迭代。"

精进清单

随着不同类型的学习内容越来越多，问题来了：公司和员工如何确定要选择什么？精进清单是一个很好的办法，它可以帮助员工在需要的时候找到所需的内容。让我们举个例子：假设你想了解更多关于网络安全的知识，你可以尝试搜索它。假设你有一个叫朱莉的同事，她在贵公司的工程小组工作，她是这方面的行家。你向朱莉请教有关网络安全的最佳学习资源。朱莉列出各种她认为最有价值的信息来源清单来回应你的问题，清单包括课程、会议、证书、书籍、播客、网站、经验、期刊和文章。

现在想象一下，你拥有的技术能够让你把这些资源放在一个有导航的数字路径中，这样任何想了解数据科学的人都可以看到朱莉整理的资源列表。那是甄选过的内容。与其让员工猜测哪些资源是最好的，不如向资深专家学习。

关于精进清单最大的好处是，它们以一种全新的方式开放学习。学习内容不仅包括公司学习型组织中专业人员导航的主题内容，也包括资深的主题专家型员工分享的专业知识。这意味着所有员工都可以参与学习和指导他人。授权员工自选学习方式是缩小技能差距并发展专业技能的有效途径。

万事达卡多年来一直重视学习内容的导航工作。公司想出了一个富有创意的办法来鼓励所有员工分享他们的专业知识。他们举办了一场比赛，要求员工自选热衷的主题，然后创建一个精进清单的学习路径来教其他员工主题知识。所有的作品都提交完毕后，从中选出三个最佳的学习路径，前三名的策展人因他们的辛勤付出而获得奖励。这个活动既有趣又有竞争性，最重要的是，每个人都参与学习，并为所有员工创造了特殊的学习资源。

AI参与设计的精进清单

想象一下这样一个场景：全球劳动力都有机会进行个性化学习，并且获得整个职业生涯中所需要的知识和技能。就在短短几年前，个人如果想在需要的时候获得所需的知识，尚属天方夜谭。现在，随着机器学习的兴起，任何人都完全有可能拥有个性化的学习体验。根据自己的兴趣、身份、职业、偏好的学习方式、想学的技能、认识的人，每天为你和你的员工推送相关的学习内容。想一下这意味着什么。

这曾是一个设想，但通过机器学习，它正逐渐成为现实。机器学习是人工智能（AI）的一个子集，它赋予计算机从数据中学习的能力，而无须详细的编程。换句话说，计算机学会了如何学习。那么机器学习在企业教育中扮演什么角色呢？它具有双重作用。首先，它通过学习该用户使用的内容类型，使员工的学习体验个性化；其次，将这些内容中的技能和知识进行编码。

机器学习根据你的兴趣整理和推荐学习内容。想想声田为音乐做了什么，奈飞为电影做了什么。你看得越多或听得越多，科技对你的了解就越多，如此，就越能推送更多你想要的，或者可能想要的东西，让你根据自己的喜好（以定制播放列表的形式）发现新的音乐，并启发你接下来可能想看什么电影（通过建议和推荐）。

Degreed数据科学主管詹姆斯·登斯莫尔（James Densmore）说："机器学习不仅关于内容和推荐，我从很多人那里得到反馈，他们认为机器学习是为了构建更好的推荐系统，而实际上，最终的目的是理解我们为什么推荐给定的内容，是格式（课程与文章）、篇幅、频率、作者还是其他什么。"

IBM的超级计算机沃森（Watson）优雅地展示了机器学习是如何工作的。沃森在智力竞赛节目《危险边缘》（*Jeopardy*）中击败了人类，因为它能够处理成千上万个问题并学会了如何玩游戏。机器学习是我们当今使用的许多技术的核心，然而我们并没有意识到它的存在，因为它"躲在背后"。许多大型科技公司都在日常工作中使用机器学习。比如，亚马逊在每一个页面都推荐产品；谷歌向你展示与你相关的广告（有时还会问你这些广告是否正确，从而获得更多的数据）；而脸书则使用人脸识别来辨认你发布的照片中的人。

就像我们使用Degreed一样，当你把它应用到学习技术中时，机器学习就能自动导航，提供个性化的、相关的学习内容选择。你可以每天接收新的学习内容提要，机器学习根据你想要学习的内容和系统对你的"了解"，向你推荐学习路径。它会自行进行处理，所以你不必费力地浏览成千上万的内容。你可以专注于学习。然后，你能够分析数据，从而了解员工正在学习的技能。

想一想，与典型的"需求分析"相比，这个过程的效率有多高。"需求分析"是许多学习业务人员用来确定员工知识、技能和能力的过程。当涉及新的内容或设计程序时，定期的需求分析能够提供有用的信息，但它很费时，而且很少能满足参与者的需求和要求。

企业教育中有了机器学习，我们对数据进行收集和分析，能够真正了解员工在学习什么。这些数据告诉你，你的员工正在消费什么学习内容，他们更喜欢哪些内容和模式，最重要的是，他们正在学习什么技能。从来没有比这更好的方式了解你的学习者——不是你的员工说他们想学什么，而是他们正在学什么。

制定数字化精进策略

许多公司正在重新考虑他们的学习策略，融入更多的数字组件，创造一种鼓励持续学习文化。卡里·威利尔德（Karie Willyerd）在她的著作《伸展力：如何为未来的职场做好准备》（Stretch：*How to Future-Proof Yourself for Tomorrow's Workplace*）中，讨论了如何保持当前的工作状态。她说："这并不是说你必须放下自己正在做的一切，埋头学习。"她把学习比作保持体形，因为在生命中的每一天，适度锻炼比跑完一次马拉松就放弃要好。

威利尔德说："个人和公司需要建立平台和方式，不断学习，围绕持续学习，建立一种文化、价值观和愿景。那可能是你能跟上节奏的唯一方法。如果忽略这些，一味进行大规模的重组，雇用新人，结果他们也被淘汰了，结果往往事与愿违。"

反思一下自己每天是如何学习的。你会在谷歌上搜索内容并在线观看视频吗？大多数人（包括你的员工）都是从各种非正式渠道学习的。因此，当你在制定数字化学习策略、将数字学习资源纳入课程时，请考虑以下问题，帮助自己制订计划。

1. 什么是数字化学习策略？

数字化学习策略是将数字化学习资源（视频、在线学习、课程、博客、文章和书籍）整合，帮助人们学习的过程。但是，数字学习不止于此——它鼓励我们用一种不同的方式思考学习。现在人们可以学习的内容很多、变化的速度很快，几乎可以满足当今所有技能所需。我们不能被旧的学习模式（如课堂培训）束缚。

数字化学习策略为我们提供了便利，引导员工使用我们新开发的或已有的数字资料，这些学习内容更符合员工口味。种类繁多的数字资源也满足了人们对学习方式的不同喜好：凯利喜欢看书或听播客来学习；大卫更喜欢看视频和阅读文章；而其他人可能喜欢为期几周的在线课程。因此，在数字化学习战略中制订一个计划，将这些数字化学习资源提供给员工，不失为一个好主意。

2. 为什么公司需要一个数字化学习战略？

数字化学习战略之所以意义重大，其中一个原因是它为所有员工提供学习内容——不仅仅是被选中的少数人，数字化学习战略使公司更灵活地应对优先级的变化，以及满足现有资源难以企及的专业学习需求。

数字化学习策略一旦实施，它的效果立竿见影，将为所有员工带来整体性的、可扩展的学习福利，并向员工表明，公司将一如既往地投资他们和他们的技能提升。员工的学习内容不必局限于学习部门开发的特定类型，如果他们想要获取，那么数以千计的学习资源应有尽有。

许多公司将大部分学习预算放在领导、经理或明星员工身上，然后任由其余员工自谋学习之路。数字化学习战略能够覆盖所有员工，增大公司的竞争优势：员工更愿意为一家投资技能建设和员工深造的公司效力。

3. 应包括何种类型的数字内容？

这是分析和迭代发挥作用的地方。凯利在领英的时候，她和她的团队反复考量纳入数字化学习战略的内容。当时领英刚刚开始创建学习型组织，团队还没有创建内容。为了快速地将学习内容提供给员工，该团队找到几家先进的拥有数字内容库的供应商合作。

凯利和她的团队选择了其中三个内容库合作伙伴。第一年，他们通过跟踪供应商的内容使用情况，了解员工的学习。他们还提供一些免费内容，如Ted演讲和YouTube视频。这对于创建第一个数字化学习战略很有帮助。但渐渐地，随着对学习内容的了解，凯利团队放弃了一些合作伙伴的内容，增加了一些针对自己公司的数字内容。

4. 组织如何知道他们的员工在网上学到了什么？

要弄清首个数字化学习战略的影响，关键是设法收集员工正在消费和学习的数据，然后利用那些信息来细化。然而，员工通过一系列非正式的学习资源（视频、博客和书籍）学习，跟踪和了解这些数据可能会很耗时。LMS等传统技术能够跟踪人们注册的内容（如活动或课程），但无法跟踪非正式的学习和活动。

虽然可以手动跟踪非正式学习，但是过程非常艰难。倘若想对每个员工的学习有针对性的洞察了解，则更加艰难。Degreed等新技术通过提供人们参与数字学习内容的详细视图，解决了个性化分析问题，就像健身追踪器自动收集个人健身记录一样。

帮助茫然的精进者

本章讨论了大量可供学习的内容。我们还讨论了不同类型的内容、公司如何使用这些内容，以及如何创建数字化学习策略。毫无疑问，我们被大量的学习内容淹没。以下是一些方法，你可以利用它们，帮助公司里彷徨失措的学习者。

1. 内容清单

有几种使用内容清单精进的方法。然而，清单内容和综合内容之间存在着巨大的区别。综合内容的一个例子是，当你在谷歌上搜索一个主题，比如"社交媒体"，就会得到成百上千的搜索结果，你仍然需要对所有的结果进行分类，并决定哪些与你最相关，这需要花费大量的时间。内容清单是一种只为员工提供该主题领域的最佳和最相关内容的方式。它意味着缩小选择范围，这样员工就不会那么不知所措了。有很多不同的方法可以用来呈现清单的内容。

内容清单的一种方法是提供学习的"路径"。这意味着，不是从几个学习资源中选择一个，而是创建一个资源集合，根据目标按顺序使用（也可以不使用）。

例如，集合中有七个学习资源。你可能会看到一段介绍主题的视频，然后是一节课或一本书的一部分、一个播客、两篇文章，甚至是一个评估，来测评你对主题领域的理解程度。这种路径"对于销售培训或管理发展等主题领域的规范性学习非常有用，并且，对于公司新员工入职或进入职能部门（销售、工程和营销）也非常有用"。

灵活性是学习路径的一大优点，因为你可以使用他人创造的路径，修改现有的路径，从而使路径与你的受众联系更紧密，或者你还可以创造一个全新的路径。

2. 社交清单

学习者既喜欢向同龄人学习，也喜欢向专家学习，这种想法并不新鲜，社交清单让这种学习方式更加灵活。想象一下，你是一家公司的工程师，你正在努力学习最新的技术。然后你从一位专家或一位比你更了解这项技术的同行那里找到经过筛选的内容，你马上就会从一个可靠的来源获得自己需要的相关内容。而且，有了社交清单，你不仅可以消费这些内容，还可以添加自己的内容，对其进行评级，或者向他人推荐，这就是社交清单的魅力。

3. AI学习

有些学习平台用AI学习来了解你最感兴趣的内容、最相关的内容。例如，如果你对学习如何更好地演示感兴趣，那么学习平台会根据对你的了解，每天向你提供五个相关内容。如果你学习了某项内容，它就会更频繁地为你提供类似内容，但如果你不"消费"它，它就试图为你找到更多相关的内容。你用得越多，它就越能了解你喜欢什么，什么与你最相关。

（1）推荐内容

一个帮助彷徨失措学习者的好方法是推荐相关内容。例如，经理可以通过简单的推荐，轻松地分享他们认为对团队有用的内容。经理们通过一个集成学习平台来做到这一点，该平台将轻松地跟踪他们推荐的内容，以及人们如何消费该内容、何时消费该内容。平台将记录团队围绕该内容的讨论情况。

（2）不盲目创建新内容

在考虑创建内容时，许多人自然而然地想到创建一些新的、原创的内容上，在某些情况下，这可能是最好的方法，但是鉴于我们对彷徨失措的学习者的了解，可能没必要创建新的内容。

凯利参加了一家科技公司的非现场培训，众多学习型领导人聚在一起，协调他们的内容策略。他们很快就发现，在同一主题上有15门类似的课程——在这个案例中，主题是项目管理。这是因为大家没有看到所有的内容（这还是在一家公司，更不用说在互联网上了）。许多不同的人在内容管理系统、web服务器、学习管理系统、维基和个人计算机上创建了内容。这并不是企业独有的问题。拥有一个整合的学习平台有助于解决这个问题。

当你考虑创建内容时，要了解你的公司是否已有这些内容，或者互联网上是否可免费下载所需内容。如果你这样做了，那么你就可以花时间创建专属你的公司或你的专业技能的内容，而不是创建高质量的有效内容的"山寨版"。

（3）鼓励员工制订学习目标

当员工设定学习目标时，他们会把注意力集中在应该花时间去做的事情上。例如，珍恩（Jen）想集中学习更多关于企

业战略的知识。她可以设定学习目标，思考如何获得这项技能
（书籍、播客、课程、指导等）。这样她就可以按照自己的目
标追踪自己的进步，另外，在完成任务后获得这项技能的认
证。

（4）让员工拥有自己的职业发展

许多公司鼓励员工自主学习，主导自己的职业发展，而不
是自上而下地强制培训。威利尔德说："最重要的一点是，一
切都取决于你自己。"没有一个幕后神奇的策展大师在考虑你
的职业生涯，为你规划，确保你获得自己需要的一切，无论是
学习，还是经验。

威利尔德接着说："经理总是倾向于把最优秀、最有效率
的员工放到一个项目，所以如果你不主动出击，寻找自己所需
要的经验或学习，就会错失良机。"

虽然组织整合了帮助员工发展的工具、流程和指导方针，
但要获得所需的内容，还是要由员工自己去尝试。换句话说，
员工要明白，他们需要充分利用所有可获得的内容，虽然经理
可能指导，但员工才是手握方向盘的人。

第 5 章

同伴互动精进

2006年，凯利在硅谷担任学习产品高级总监。她寻思一边工作，一边到学校去研究学习和教育技术。凯利毕业多年，学校已经发生了翻天覆地的变化。

凯利发现课堂学习不再是在大教室里疯狂地记笔记，而是在社交环境中与同伴协作学习。教授独自在坐满了数百名学生的教室里面讲课的景象几乎不存在了，很大程度上，传统课堂被虚拟课堂所取代，这些虚拟课堂都配备了在线协作学习工具。学生们观看视频讲座，然后回答与他们所学相关的问题。

这种同伴间互动学习（peer-to-peer learning）的新环境为学生创造了一个共享信息、观点和经验的安全空间。在这里，即使是最内向的学生也会觉得有必要表达自己，每个人都有发言权。

不止于此。学生们将在同伴们分享和应答之后，发表他们的看法。凯利发现自己和同伴们相处融洽，并了解到他人的想法、经验和观点。随着课程学习的深入，凯利意识到，她从同伴们那里学到的东西，毫不逊于她多年前从大学教授那里学到的知识。

凯利陷入沉思：如果能够挖掘员工向同伴学习和合作的动力源，从而提升他们的专业技能，那会怎么样呢？如果学习融入工作中，同事之间在合作中学习成为工作场所学习的主要形式，又会怎么样呢？这次崭新的学习经历让凯利相信同伴间互动学习是组织学习的动力。

为什么精进不能和快餐一样"菜单化"

在公司里，"同伴"可能在同一个工作组中，也可能在工作组之外。不像传统的教授对学生那样职责或地位不对等，同伴间学习处于一个公平的竞争环境中，每个人都能轻松自如地面对面或在线交流与合作。

通常，在同伴间互动学习中，有一个推动学习进程的角色。学习推动者督促每位成员聚焦话题，记录关键点和主题，使交流学习能够持续推进。其他成员必须"全力以赴"，与团队成员坦诚交流，积极地给予和接收反馈，帮助他人学习。当然，同伴间互动学习顺利进行，离不开组织的推动实施，正如凯利所了解的，公司里同伴间互动学习其实并不普遍。

十多年前，凯利读硕士期间的研究方向是学习和教育技术，然而，当涉及组织中的员工学习时，改革是相当艰难的。大多数组织仍然依赖过时的学习管理系统，以及公司HR制作的PowerPoint演示文稿或者外包供应商所提供的培训课程项目。美国在采用这种方式的公司培训上的花费超过了1300亿美元，培训效果评估却并不乐观。

问题是许多经理和领导者倾向于把学习看作一蹴而就的事情，勾选了标题框，就认为高枕无忧了。想让员工更有文化意识吗？送他们去参加多元化培训项目。经理没有雇用合适的人？让他们面对PowerPoint演示文稿，找人为他们讲解面试应聘者的技巧。研究表明，参加这些培训项目的员工不是感到厌烦，就是很快将学习内容抛之脑后了。

关键在于，学习不能像快餐店里的"菜单化"汉堡一样。没有速成的解决方法。学习就是从我们周围的人身上获得新的技能和知识。研究表明，学习本身就是提高工作满意度的要素。

缩小代沟

如今，大多数公司的劳动力由四代人构成。千禧一代（Millennials）与婴儿潮一代（Baby boomers）、X世代（Gen-Xers），以及现在也开始进入劳动力市场的Z世代（Gen-Zers）一起工作。有时，代际差异可能会妨碍和谐共事。同伴间互动学习是一种团结代际员工的有效方式，因为它让员工在公平的竞争环境中相互学习。当员工处于一个既能倾听不同观点，又能分享自己的知识和专长的环境中，会逐渐增进对彼此的了解。

但这不只是知识的分享。实际上，同伴间互动学习创造了一个出乎意料的工作环境。根据一项在德国对数百万工人超过15年跨度的研究发现，适度的社会压力会促使人们表现得更好："当一个员工的周围遍布业绩优异的同事时，他会感觉到一种心理压力，这种压力会促使他去追赶同事的业绩。如此一来，同事之间力争上游的氛围就悄然形成了。"

研究表明，业绩领先的员工离开公司也容易造成公司整体业绩下滑，这也印证了那句良言，"当优秀的员工离开公司，往往会有更多的离职者随之而来"。

社会学习理论（Social learning theory）认为，我们通过观察别人的行为，然后模仿它，这样的学习效果最好。心理学家阿尔伯特·班杜拉（Albert Bandura）写道："大多数人是通过观察榜样的行为来学习的：通过观察他人，人们形成了一种如何表现的印象框架，并且在以后的一些场合中模仿所观察到的行为。"

事实上，向同伴学习的动力完全不同于向上级学习。无论你与老板的关系如何，现实是，当你为他人工作时，他们基本上都比你有实力——有实力帮助你的事业，支持你、指导你的努力方向，影响你的收入和年终奖，提拔你或是解雇你。这些因素常常会阻碍我们表达心声，有问题也不敢直言。

向同伴学习的另一个动力是互惠。员工从团队中获得自己工作表现的反馈，他们也倾向于投入更多的时间和精力对同事的工作给予有价值的反馈。但当老板向员工提供单向反馈时，效果大打折扣。

同伴间互动学习是学习过程中至关重要的部分，但是为什么少有组织实施它呢？杰米·卡萨普（Jaime Casap）——谷歌全球教育推广者认为，同伴间互动学习对我们来说并不容易推广。

问题在于，我们的社会，对同伴间互动学习并不开放。我的意思是，我们谈论的是教育领域的合作，但我们并不是真诚的。我们教育孩子要成为独立的个体，要重视个人的成就。

换言之，同伴间的知识分享以及互相反馈，与传统学习理念背道而驰，传统学习的重点更侧重于个人成就。然而，同伴间互动学习的过程能够改变这一观点，彼此展示全新的技能。

同伴互动精进的过程

如第1章所述，学习过程有四个步骤，我们称之为"学习循环"，四个步骤分别是识记、练习、反馈、反思，贯穿整个学习经历。

通过整个学习循环，同伴间互动学习诠释了更深层次的学习过程。

- 获取知识；

- 运用知识进行实践；

- 获得反馈；

- 反思所学到的东西。

以普丽娅（Priya）为例。当普丽娅入职产品管理新岗位时，她拜访了公司的其他产品经理，通过近距离了解他们的业务来获取业务知识。在实际制订产品计划时，为了展现团队和公司"好"的一面，她向其他产品经理借取了产品计划样本。当普丽娅制订了她的第一个产品计划后，她向其他产品经理寻求反馈。在收到反馈后，她会花一些时间来反思自己在整个过程中学到了什么。

通过完成同伴间互动学习并经历学习周期的所有阶段，我们还将获得其他宝贵的技能，包括自我反思、批判性思维以及如何有效地互动反馈。

自我反思能力

自我反思是一种从根本上了解自己或者更深入地了解自己的能力。能够自我反思也会对我们的工作绩效产生积极影响。一项针对呼叫中心的研究表明，在10天的时间里，每天结束前花15分钟反思自己所学的员工，绩效比那些没有自我反思的员工要高出23％。

在学习中，特别是在"学习如何学习"或者展示学习敏捷性的时候，自我反思能够让我们了解自己的长处和短板、保持开放的心态、接受建设性的批评，并将这些理解应用到更有成效的事情上。同伴间互动学习有许多好处，其中之一就是让我们有机会反思自己的工作。为了给予同伴深刻的反馈，我们也要更深入地思考他人的工作。正如管理学家彼得·德鲁克（Peter Drucker）曾经说过的那样："有效的行动后需要安静地反思。静则生慧，从而产生更为有效的行动。"

批判性思维能力

同伴间互动学习的过程有助于提高我们的批判性思维能

力。批判性思维是一种运用知识和智慧客观、公正地分析情况，以做出平衡、深刻、循证的决策和方案的能力。

在过去的十年中，批判性思维已经成为员工最需要的特质之一，并且将是未来的一项重要技能。世界经济论坛（World Economic Forum）最近发布的一份名为《工作的未来》（*The Future of Jobs*）的报告显示，随着公司需要应对的各种复杂问题日益增多，对批判性思维能力的需求将会上升。

给予和接受建设性反馈

最后，同伴间互动学习有助于我们掌握给予和接受建设性反馈的难度技巧。给予真诚的反馈，倾听并能接受反馈非常关键。大多数人更善于给出积极的反馈，因为积极的反馈会让每个参与者包括给予者都感觉良好。但是，大多数人羞于给出负面或建设性的反馈，因为他们不想伤害对方或让对方失望。现实情况是，"沉默是金"。然而，成功的同伴间互动学习会让参与者有信心提出建设性的反馈，并且卸下心理防御，欣然接受反馈。

理想状态下，每个人都能地学到一些有价值的东西，然后专注于自我反思、批判性思考，以及提出和接受深刻的反馈。

但公司里完成学习循环中四个步骤的情况并不多见。通常，学习在"识记"阶段之后就停止了。

例如，一家公司的法律团队安排了全体员工都必须参加的伦理课。员工按计划参加线上和线下培训课程，课程设置了关于接受供应商礼物的道德伦理的内容。如果员工注意到了这一点，他们可能已经有所收获，甚至明白了为什么禁止接受客户的礼物。然后呢？他们是否有机会应用或反思这些知识呢？通常不会。即使他们有这样的机会，他们也不太可能在最需要的时候记起它。

培训课程对促进学习的作用不尽如人意，而且在大多数情况下，对于那些浑浑噩噩的员工，培训课程根本做不到入脑入心。当然，肯定有更好的办法。

一些组织找到了路径。例如，爱立信（Ericsson）举办的一个"学习周"活动。活动期间，员工既是学生，又是老师。员工报名参加讲课，其他员工通过线上协作教学或线下课堂两种方式学习该课程。对爱立信来说，学习周活动已经成为一个有效的鼓励同伴间互动学习的策略。正是因为教学相长，所以员工受益匪浅。

同伴间互动学习的策略不同于单向的授课，而是建立学习长效机制，创造有意义的碰撞机会，让大家倾听不同的声音，获得反馈，并进行反思。我们以前面的法律团队为例，学习课程可以设计为讨论道德困境，分享法律问题看法，邀请法律专家解惑等形式。

领英的同伴互动精进

2014年，凯利的领英团队与弗雷德·考夫曼（Fred Kofman）合作，设计了一个集社交、协作、同伴互动学习于一体的项目，称为"觉知商业"。该项目的灵感来源于考夫曼《清醒——如何用价值观创造价值》（*Conscious Business-How to Build Value Through Values*）一书的内容。

觉知商业（Conscious Business）是一个术语，意味着在工作中彰显自己的价值观。这个项目背后的理念是帮助领英的员工在实际工作中落实公司的文化和价值观。这往往需要意会，难以言传，因为公司的价值观往往有些抽象，很难付诸实践。实际上，员工如何在日常工作中体现出"诚信"的价值观呢？这就是挑战。

在设计学习项目时，团队将重点放在领英的价值观上，这些价值观与考夫曼书中的理论相关（见表5-1）。

表5-1 "觉知商业"与领英价值观

"觉知商业"	领英价值观
真诚地沟通	开放、诚实、有建设性
完美协调	关系至上
建设性谈判	智慧冒险

项目为期四周，被试者要求每周抽出3~4个小时参与项目。在项目测试阶段，被试者受邀才能参与，公司先安排部分员工尝试，后来才推广到整个领英员工群体。这个策略非常奏效——很快，员工就争先恐后地报名参加了。

进入项目后，针对实际工作中遇到难题该如何应对的问题，每个参与者都受到了多样化训练。例如，工作中的谈话是很常见的。一项任务开始时，要求参与者想象一场现实中发生的"尴尬"谈话，他们跃跃欲试，但又踌躇不前。等参与者有了解决思路，再向他们展示几段有关考夫曼角色扮演场景的短片，演示如何解决尴尬的谈话问题。

例如，参与者约翰（John）想与他的员工马克（Mark）进行一次谈话，讨论逾期行为对团队的影响。在和马克交谈之前，约翰在考夫曼的一段视频指导下，与同伴进行了模拟练习。约翰写了一个简单的脚本，阐述他想对马克所说的话，并想象马克可能说的内容，写下马克可能的回答。谈话的目标是

"开放、诚实、有建设性的"。最后，约翰和马克进行了谈话，效果却并不理想。约翰觉得向马克提供负面反馈很尴尬，他认为马克的反应是带有防御性的。

如果小组成员都有处理尴尬谈话的练习需求，他们可以进入在线讨论，与同伴分享练习过程。在这里，约翰有机会分享他和马克的谈话进展情况。这是一个非常强大的学习工具，因为它给了参与者反思的机会。例如，问自己和他人，谈话是否顺利，如果不顺利，那是为什么呢？反馈练习是否尴尬或有争议？约翰和马克是怎么处理的？通过与有相同经历的同伴分享这些想法，从而理解他人的处境，吸收同伴的经验，下次改进。同伴间以这种方式分享反馈和经验，既从他们的同伴那里获得了真知灼见，也改善了人际关系。

"觉知商业"项目成为领英最受欢迎的学习项目之一，也获得了一些学习奖项。参与者学到很多重要的理念，比如了解在工作中建立良好人际关系的重要性。此外，他们还将所学付诸实践，效果立竿见影。

2015年，在推出"觉知商业"项目后不久，凯利的团队又推出了另一项称为"学习实验室（Learning Labs）"的项目——一个"弹出式"的实体学习区，员工可以在午餐时间造访，获得其岗位相关话题的援助（类似于一个随时可造访的IT

服务台）。例如，员工想要进入 "转型计划"，这个计划能够帮助员工专注于自己的职业目标，并将学习与他们想要发展的技能联系起来。如果员工需要"转型计划"的帮助，那些在学习实验室工作的学习专家们将一对一地指导员工进行同伴间互动学习。员工还可以参加学习小组研讨，就如何改善自己在领英上的档案收获建议。让我们面对现实吧，如果你是领英的员工，你真的需要有一个令人惊羡的个人档案。

正如领英的案例所示，一个成功的同伴间互动学习项目，关键是确保每个参与者都有一个明确的目标或需要解决的问题。一些组织实施同伴间互动项目时侧重于理论研究，希望参与者在工作中遇到实际问题时，能用同样的模型来解决。这种做法纯属纸上谈兵。试想，忙碌的员工真的愿意从他们的实际工作中抽出时间来研究一个理论问题吗？员工要么敷衍了事，要么搁置脑后。

另外，任务都来源于员工实际工作中遇到的难题，这对参与者来说是很好的学习机会。这些难题可能与他们相关，或者需要他们解决，激发了员工参与并投入时间的积极性。他们在完成任务的同时还能学到新的东西。

建立一个安全的同伴互动精进环境

要想同伴间互动学习卓有成效，参与者需要有足够的安全感与同伴分享他们的想法。这类学习的特点：一是怀有开放和谦虚的心态，接受建设性的意见，二是有勇气给予真诚的反馈，而不是敷衍附和。接受反馈则需要保持开放的心态，并感谢同伴帮助自己成长。理想情况下，给予反馈应该被视为一种慷慨的行为，应该得到感激，而不是防御。

虽然谷歌的卡萨普认为，交换真诚的反馈是同伴间互动学习的关键所在，但是他也承认这并不容易做到。

有句老话说："当别人向你寻求反馈时要小心，因为他们真正想要的是验证。"所以，如果你给我看一篇你为杂志写的文章，并请我帮你审阅，我通常会把它还给你，并附上几句话，比如"写得很好"，或者"不要太个人化"，或者"我只做了几处修改"。我甚至可能不会深究，因为我不想冒犯你，或者让你感觉你写的东西不好，而不是真正给你反馈和评估。所以，这种同伴间互动的思想层次，从理解和领会真正的合作开始，参与者要有提出好问题的能力、给予好的反馈和接受好的反馈的能力、评估他人以及被评估的能力、相互影响后达成共识的能力。我们的能力需要培养，而我们却没有在教育中这样做。

正如卡萨普所说，有建设性的反馈才是真正的价值所在。反馈能让我们更好地进行工作，并且找到改进的方向。

然而，许多人难以敞开心扉提供真诚的反馈，尤其是在让他们感到不安全的环境中。鲁思·赫利尔（Ruth Helyer）教授在利兹三一大学（Leeds Trinity University）基于工作的学习研究表明：

当有其他人一起参与学习时，学习也会渐入佳境。伴随着他人的参与，人们有更多机会合作和分享诸如推陈出新的种种想法。当要曝光内心想法时，人们会因为这种分享带来的后果感到心理畏惧和无助。但在与同事或同学一起工作或学习时，会产生对抗这种恐惧和无助所需要的支持和多种资源输入，让人们找到值得那样做的理由，虽然开始时仍然会有些缩手缩脚。

谷歌着手研究亚里士多德项目（Project Aristotle）时发现了这一点，该项目旨在探寻为什么有些团队磕磕绊绊，有些团队却一飞冲天。该项目在两年的时间里，对谷歌内部180个团队进行了分析。在进行这项研究之前，谷歌认为，建立最佳团队意味着使用最好的员工，或者把拥有共同教育背景和爱好的员工聚在一起。研究发现，成功的团队靠的是团队活力。最成功的团队中，团队成员相互信任，敢于冒险。因为他们确信，团队中没有人会因为在队友面前表现不好遭到嘲笑、感到尴尬或受到惩罚。一位谷歌工程师在谈到他的团队领导时，告诉研究人员，"（他）性格直爽，让我有心理安全感，不用担心自己会承担风险。"

这些发现让谷歌的研究人员得出结论：心理安全感，或者说是团队成员的共同信念，是团队成员团结在一起的关键因素。团队成员感到足够安全时，会坦诚、公开地表达自己的想法，而不会担心受到评判或惩罚。当员工在工作场所中感到心理安全时，他们更有可能敞开胸怀、分享知识、提高警惕、报告错误，并积极寻求和提供建设性的反馈。正如谷歌所发现的那样，建立团队有效性的关键在于同理心、彼此倾听、共情，也包括工作以外的情感交流。

谷歌在提升同伴间互动学习中的心理安全感上很下功夫。例如，技术会谈是指工程师们以在公司内部展示的形式交流新的尖端技术知识。会上，工程师们讲解他们的项目，展示他们如何使用技术解决问题。现场留出了充足的时间来回答提问，为学习和交流知识提供了一个安全的空间。这些技术讨论会非常受欢迎，它们被录制下来，制作成"谷歌技术会谈"（Google Tech Talks）（有时被称为"极客TED"）发布在

YouTube频道上，分享给全世界的工程师们。

和谷歌一样，许多公司推行类似同伴间互动学习的模式。自2013年以来，电脑软件公司Adobe全面实施了同伴间互动学习模式，并制定了针对高层领导的"领导者教你领导"（Leaders Teaching Leaders）项目。作为该项目的一部分，Adobe与加利福尼亚大学伯克利分校哈斯商学院（UC Berkeley's Haas School of Business）合作，协助解决实际业务问题。弗朗西斯（Francis）是其中的参与者，他说：

"如果有一位老师在教室的前面，告诉每个人如何当领导，参与者只能得到一个观点。但是，如果我们把所有超群绝伦的人力资源聚集在一起，相互传授和分享他们的经验，我们都会受益。一家公司拥有的主要资源是员工，这是让资源价值最大化的最佳方法。"

弗朗西斯还强调，"反思"是Adobe"领导者教你当领导"项目的制胜法宝。他说：

"我了解到，不仅要与你的同伴分享技术，还要与他们分享思考过程，这很重要，这是一个允许交互发生和出现故事的环境。当我面对这种情况时，我是怎么处理的？别人能从我的经历中找到什么亮点？如果我们能吸收彼此的知识和经验，我们就都能帮助彼此成为更强大的领导者。我一直相信分享的力量，而这个项目正好强化了这种观点，即与新晋的领导者分享经验，这是一种强有力的方法，能够帮助他们更有效地领导团队。"

建立同伴认可制度

当谷歌忙于通过关注"心理安全感"来营造友好的同伴间互动学习环境时，捷蓝航空（Airline JetBlue）则领先一步。捷蓝航空与社会认定公司GloboForce合作，发起了一项社交型"点对点"（peer-to-peer）认定项目。这个项目主要是提名推荐努力工作和有价值贡献的员工，被提名最多的员工将获得表彰积分，可以获得小奖励，比如精致晚餐，也可以累积成更大的奖励，比如度假或旅游。结果呢？每增加10%的员工获得认可，员工敬业度就会提高2%，留职率提高3%。

效果远不止此。捷蓝航空还发现，更高的敬业度对客户满意度和忠诚度有积极的影响。换句话说，根据良好的客户反馈，敬业的员工让客户"叫好"的可能性是其他员工的三倍。由于员工感到被重视、被认可和被欣赏，捷蓝航空形成了一种蓬勃发展的点对点分享文化。

MBA和同伴互动精进

长期以来，MBA一直被视为商业教育的"圣杯"。MBA一般有两年全日制课程，平均花费超过5万美元，顶级学校的学费则高达10万美元。理论上，MBA学位是获得高薪工作的敲门砖；然而，现实中，有多少人肯花时间和金钱从他们的职业生涯中抽出两年时间来完成MBA课程？

但是，对于那些没有时间和金钱全身心投入或在职攻读MBA的人来说，还有其他选择。2009年，通用电气前首席执行官杰克·韦尔奇（Jack Welch）创立杰克·韦尔奇管理学院（JWMI）MBA项目，该项目的课程全部实行网上教学，教授远程指导，学生远程参与学习。完成项目学习大约需要两年半的时间，学费不到4万美元，比其他MBA项目便宜1/3~1/2。JWMI被《首席执行官》杂志评为2017年全球排名前15的最佳在线MBA项目，同时被《普林斯顿评论》（*Princeton Review*）评为排名前25的最佳在线MBA项目。

韦尔奇认为，这个项目的实际意义在于学生能够学以致用。流程是："周一学习，周二应用，周五分享。"学生通过论坛、聊天室以及电子邮件交流作业任务。有些人可能会认为这还不如建立人脉关系更有益，但它确实效果显著。除了安排学生间互动，该项目还为学生邀请了"成功教练"。另外，韦尔奇本人也会每季度主持一次讨论会。

畅销书作家兼企业家赛斯·戈丁（Seth Godin）开设了另一条取得MBA学位的途径，称为altMBA。这是一个为期四周的封闭式在线的领导力和管理工作坊，面向那些有志成为后备领导的高绩效员工。参与者被分成五人一组的学习小组（每周都有变化），共同完成每周的项目任务。每项任务完成后，参与者要对小组成员的表现给予反馈。在这样一个充满活力的学习环境里，每位学员都全力以赴。

altMBA的模式遵循本章前面所述的同伴间互动学习模型。学习小组首先要解决一个实际问题，然后同组成员间互相给予反馈，最后对所学到的本领以及下一次处理问题的其他方式进行自我反思。

altMBA的学费为3000美元，包含使用如Slack（团队通信服务）和Zoom（视频和网络会议软件）等数字工具的费用，每节课都有来自世界各地100名左右的学生互相交流。2016年，来自27个国家的学员参加该项目。学员中还有顶级公司如耐克（Nike）、全食（Whole Foods）、谷歌、微软、贺曼（Hallmark）和可口可乐（Coca-Cola）的领导层。

媒体解决方案顾问布丽吉特·卡特歇尔（Brigitte Cutshall）是altMBA学员，她将该课程比作一场"艰难的航海冒险"，但她认为这也是一次脱胎换骨的经历。她学会了如何进行批判性思考，如"当面临决策时，首先思考的是为什么要这么做"，以及"把注意力放在重要的事情上，而不仅仅是紧急的事情上"。更重要的是，课程期间的频繁交流让她与其他学员建立了深厚的友谊。在四周的时间里，通过参与同伴间互动学习，卡特歇尔建立了广泛的关系网。

海曼伙伴（Heyman Partners）的创始人兼首席执行官、哥伦比亚大学（Columbia University）兼职教授乔安妮·海曼（Joanne Heyman）分享了她在同伴间互动学习方面的收获。海曼是国际公认的社会创新领域的思想领袖、创新者、资深顾问。当海曼在2016年9月报名参加altMBA项目的时候，她已经做了6年的自由职业者。尽管她很享受自己的工作，但她意识到独自工作的局限性。她觉得altMBA是一个非常好的机会，她可以与人交流互动，拓宽视野，参与团队合作，找到新的成长和业务拓展之路。

和布丽吉特一样，她也觉得这段经历终生难忘，尤其令她印象深刻的是，她的同伴们都出类拔萃，反馈的质量也很高。

那些对我坦诚的反馈，令我自觉受益良多，这些反馈推动着我去做更为深入和缜密的思考，甚感愉快。但如果仅仅是为了让自己满意，却很难做得如此深入和缜密。我可以为客户为之，但无法为自己为之。故此，时不时抛过来的有思想的和具有启发性的问题，多数来自项目中的同事，有时来自组织外部的合作伙伴，都令我深感裨益。

项目结束时，海曼确信自己更愿意在团队中与他人合作而不是独自工作，但结果并不乐观。

项目结束以后，协作的力量让我非常振奋，我考虑把我的业务转成团队工作。我尝试了大约四到五个月，但没有成功。从那些失败的尝试中，我有了更深刻、更笃定的想法，那就是要与他人一起成长，而不是强制他人围着我转。所以在最后，这是一个令人难以置信的重要经历，只是结果并没有达到我的预期。

在短短几周的时间里，布丽吉特和海曼都体会到了与来自不同背景和国家的同伴合作的意义。想象一下，如果在组织中每天都与这种层次的同伴一起学习，那么将会获得多么宝贵的知识财富。

聚会式精进

每个月的第一个星期二，心理学专业出身的荷兰设计师沃特·德·布雷斯（Wouter de Bres）都会与他的设计师同行见面，边喝几杯啤酒边交换创意。从表面上看，这像是一次社交活动，但对德·布雷斯来说，这些聚会是他学习经历中的重要片段。

德·布雷斯是荷兰数字机构Bread&Pepper和在线知识共享平台Gibbon的创始人。他将自己的成就归功于同伴："我从同伴身上学到的设计知识远多于从设计课程和书本中学到的。"

德·布雷斯不仅参加同伴间面对面的活动，他还是设计师在线社交网络Dribbble的会员。通过这个在线平台，德·布雷斯不仅能够展示自己的作品，还能收到自己敬仰的专业设计师的反馈。

"反馈是中肯的，"他说，"可能会被认为有点苛刻，但对我来说，这是难能可贵的。此外，Dribbble网站上的所有设计师都遵循着同样的准则：'不要把它当成针对个人的反馈，你不等同于你的设计。'"

这种理解有助于营造设计社区内信任诚实的氛围。德·布雷斯解释道："最棒的是，我们会收到批判性的反馈，但如果有一天我们碰巧见面，还可以友好地一起去喝杯啤酒。我们在互相帮助的同时也在互相学习。"

在向同行学习和交流方面，推特也发挥了巨大的作用——德·布雷斯会阅读设计师推荐的文章和书籍，进一步增强自己的学习能力。他还定期联系一些优秀的设计师。这种知识共享的过程成了初创公司Gibbon的主要灵感来源。2012年，德·布雷斯需要资金启动Gibbon。他的团队入围了一个"投资人加速器"项目，他要在硅谷待上一段时间，他下定决心充分利用这个机会。

我在硅谷待了60天，所以我给自己定了个目标，每天至少见一位设计师，他们中的大多数人我都曾通过推特联系过，但还没有见过面。我学到很多，真让人不可思议。一个设计师会爽快地把我介绍给他熟识的另一个设计师，就这样，最后我有了60多个设计师的联系方式。

这些设计师是来自爱彼迎、脸书、谷歌、推特、雅虎、史克威尔（Square）、正德尔（ZenDesk）和飞丽博（Flipboard）的顶级设计师。还不只这些，德·布雷斯向同行学习的热忱帮助他建立了一个令人羡慕的专业人士网，这个网络聚集了才华横溢的设计师，德·布雷斯还在继续和他们合作并相互学习。

德·布雷斯的经历告诉我们，通过吸收同行共享的知识，我们可以更快地学习和进步。当我们周围有很多人来帮助我们和给我们建议时，我们大可不必太担心了。无论是在工作中还是在世界各地，向我们的同行学习都有很多好处。我们所需要做的就是融入其中。

同伴互动精进的关键技能

同伴间互动学习给了我们三个关键技能：自我反思的技能、给予和接受反馈的技能，以及批判性思维的技能。本节重点介绍我们如何改进这些技能，积累学习经验。

如何自我反思

人们不愿意自我反思主要有以下几个原因：①不知道如何反思；②难以从繁忙的一天中抽出时间；③不喜欢评价自己的行为和潜在缺点。

然而，像所有好的技能一样，自我反思需要剖析和练习。任何人都可以进行自我反思，只要他们练习几个简单的步骤。

1. 反思你的一天，问自己一些问题

- 你本来可以避免哪些问题的发生？

- 你是如何帮助他人实现目标的？

- 你会如何帮助或阻碍他人进步？

- 最让你有挫败感的工作关系是什么？你在修复这种关系中做了哪些努力？

- 想一想你主持的上一次会议，你怎么做才能使效率更高？

2. 选择最适合你的方法进行反思

反思的方式取决于个人。如果你是那种喜欢独自思考的人，那么务必要记日记，把你的想法写下来，或者去散散步、骑骑自行车。然而，自我反思并不一定是一项孤独的活动。和同事、教练或导师一起反思是完全可以的，只要你是建设性地反思，而不是抱怨。

3. 腾出时间自我反思

像安排会议一样安排反思的时间——把它写在你的日历上。有意识地为它腾出时间更有可能激励你完成。

4. 设定你自己的时间表

有些人反思需要一个小时，有的人反思需要几分钟。如果一开始觉得一个小时太长了，那就先尝试10分钟。一开始就管理好自己反思的时间，有助于取得长足的进步。

5. 思考你的想法

分析你的想法，思考你自己的观点。为什么你会以一种特定的方式思考？你同意所有的想法吗？如果不是，为什么？

如何提高批判性思维能力

批判性思维是解决问题和制定决策的基础。好消息是，如果提出恰当的问题，所有人都可以成为优秀的批判性思维者。当你要接受一项艰巨的挑战时，你可以问问自己以下这些批判性思维问题：

- 这个问题意味着什么？

- 我应该怎样解释我的观点？

- 我的解释讲得通吗，合乎逻辑吗？

- 我应该做出什么样的假设/得出什么样的结论？

- 要解决此问题，我还需要哪些信息？

- 有多少种方法可以解决这个问题？

- 我有足够的支撑材料/事实依据来帮助做决策吗？

- 信息是否可信？

- 如果我做出决策，该决定会产生什么样的短期影响和长期影响？

- 关于这个问题，我还能跟谁说？我还可以从哪些角度寻找答案？

如何给予和接受建设性的反馈

我们从同伴间互动学习中学到的最重要的技能之一就是如何给予和接受反馈。给予和接受，这两点都不容易做到，但通过练习，它们会成为提升双方能力的好方法。记住，交换反馈是双向的，所以你要确保对方有足够的时间来回应你所说的话，并在适当的时候进行思想碰撞。有效的反馈建立在顺畅的沟通和理解的基础之上。以下是给予和接受建设性反馈的建议列表。

1. 别针对个人

当你给予反馈时，请专注于行为，而不是性格。例如，一个同事经常在开会时迟到，让你感到不快。记住，不要攻击对方（"你在时间观念上有问题"），而是要提出一些关于如何改变这种行为的有用建议（"当大家都到齐了，我们可以更快地开始并且更快地完成讨论"）。

2. 一定要准备好

毋庸置疑，如果你要提供反馈，在表达之前要做好准备。紧扣主题，采用具体的案例和参考资料进行论证。永远不要以偏概全，也不要指望别人会注意到你的"暗示"。成功的反馈建立在双方清晰沟通的基础上。

3. 不要比较

当你提出反馈时，注意不要比较表现——"看看珍妮特（Janet），她从不迟到！"。相互比较只会滋生消极的竞争和怨恨。但是，只要不涉及其他人，你可以将对方过去的表现与当前的表现进行比较。

4. 优雅、得体地接受反馈

把反馈看作一种积极的、提升能力的途径。倾听并理解对方所说的话，归纳你所听到的内容，并提出问题以厘清自己的观点。提供反馈的人将会很感激你用心倾听他们表达。

5. 不要有戒心

当你收到反馈时，试着控制自己的防御心理。自我防卫或明显的沮丧只会让给出反馈的人难为情。这也意味着他认为你不是从善如流的人，可能不再向你提供反馈。

6. 一定要有耐心

你感觉反馈有失偏颇时，可能忍不住急于辩解，但是在你陈述观点之前，一定要让对方把话说完。急于争辩，得不偿失的是自己。试着控制自己急于插话的冲动，在形成一个深思熟虑的表述之前，集中精力领会对方所表达的意思。

建立一个成功的同伴互动精进环境

创建一个友好安全的同伴间互动学习环境需要时间，许多组织已经通过以下指导方针成功实现：

- 指定专人督促学习过程。通常在培训项目中担任讲师的人往往是很合适的督促者。同伴学习督促者的责任是要确保每位成员都紧扣主题，记录要点和题目，推进交流碰撞顺利进行。

- 聚焦真实案例，给团队一个急需解决的实际案例。一个同伴间互动学习项目成功的关键是确保每个参与者全力以赴地去解决实际工作中的问题。

- 建立一个安全的同伴间互动学习环境，使参与者能够畅所欲言，愿意与他们的同伴公开分享他们的想法。鼓励同理心、积极倾听、共情，加强感情交流。

- 通过举办线上线下的兼容并蓄的活动和研讨会来促进同伴间互动学习。

- 通过建立在线社交网络、组织网络活动，成立日常学习小组，定期见面交流（甚至是喝几杯啤酒！），鼓励建立同伴间学习网。

第6章

采用正确的精进技术

　　许多公司在引进新技术之前，都没有深入了解引进的技术是否能解决企业的燃眉之急。例如，有人认为举办讲座然后在线播放是个好主意。但是，想想你曾在高中或大学遇到过的最糟糕的教授，想象一下把他的讲座放到YouTube上。虽然你有办法把一场糟糕的在线讲座分发给数百万人，但没有多少人会觉得它行之有效、鼓舞人心或引人入胜。如果讲座本身就不好，那么引进技术也徒劳无益。在另一个案例中，一位小学老师给班上的每个学生都买了一台iPad，她认为科技可以帮助学习。但对于如何利用iPad学习，她一筹莫展。公司经常在匆忙购买技术之后，才去研究如何投入使用。往往知之非难，行之不易。公司首先要评估问题，然后运用合适的技术来解决问题，对症下药，才能事半功倍。

　　正如学习科学家布罗·萨克斯伯格（Bror Saxberg）所言，"科技对学习毫无帮助。技术无非就是一个学习处理方案，谈不上好坏，它能让学习更便利、更可靠、更有效，数据更丰富、更个性化"。换句话说，如果没有扎实的基础和针对性的学习策略，那么技术毫无用武之地。

　　在本章中，我们将讨论当前公司面临的一些常见的商业挑战，以及科技如何帮助公司化险为夷。我们还将探讨市场上一些具有创新性的教育技术，包括：①帮助你探索和设立职业目标；②帮助员工找到工作意义；③帮助个人和公司评估拥有的技能和急需的技能。我们来看一看实践技能、团队学习和解决实际业务问题的技术。总之，我们将深入研究以下技术，向你展示这些制胜法宝。你想帮助你的员工：

- 探索或设立职业目标？（Fuel50公司）

- 了解/找到他们工作的意义？（Imperative公司）

- 了解员工拥有的技能和他们急需的技能？（Degreed公司）

- 练习并获得关于技能的反馈？（Practice公司）

- 团队合作解决业务问题？（Intrepid公司）

如果我们从"为什么"开始，就有理可循。你为什么需要这项技术？你想解决什么问题？

打造"大脑的自行车"

科技迫使人们从根本上重新思考工作方式。现实是，我们无法将学习完全从工作中分开。奈杰尔·潘恩（Nigel Paine）是学习思想领袖，也是《学习的挑战》（*The Learning Challenge*）一书的作者，他的书中谈到了关于劳动力的效率和生产率。他认为，员工生产率滑坡的原因是员工对自身学习的投入不够。潘恩说："毋庸置疑，学习会提高人类的生产力。它不仅能激励人们，还能为人们提供新的方式、方法，而新的方式、方法通常更加有效。"

为了说明他的观点，潘恩回忆了史蒂夫·乔布斯早期在苹果公司讲过的一个经典故事，当时乔布斯把电脑比作"大脑的自行车"。乔布斯说凭借他们自己的力量，人类不是最高效的生物，但当你给人类一辆自行车时，他们就成了这个星球上最高效的物种："这就是电脑对我的意义——它是我们发明的最了不起的工具。它相当于我们大脑的自行车。"

潘恩为乔布斯的言论所折服，"将计算机和技术视为我们大脑的自行车这一理念非常有意义，因为这意味着它与内容无关，而是关于过程，关于'应用程序'领域，通过互相嵌入，解决任务和问题"。

因此，随着时间的推移，会出现更先进的技术。我们推陈出新，目的是提高工作效率和员工生产力，加快工作进程。

但是，先进的技术并不等同于正确的选择。选择最适合组织的学习技术，意味着要理解员工所需的技术类型，通过学习帮助员工促进他们的职业发展。一旦掌握了这些信息，你就可以锁定更经济、更实用、更个性化的技术方案。

探索或建立职业目标

安妮·富尔顿（Anne Fulton）在新西兰的奥克兰（Auckland）长大，学习过组织心理学和职业指导咨询。她一生都热衷于帮助他人做职业决策，指导他人的职业生涯发展，帮助他人更笃定地思考职业发展方向。

在她个人的职业生涯中，她先是成为一名职业指导咨询师，然后成为组织心理学家，开创了职业测评和招聘测试。接着，她又创办了几家科技公司——致力于职业发展和职业生涯规划。2011年，富尔顿和她的联合创始人乔·米尔斯（Jo Mills）创建了职业发展路径规划软件Fuel50，其使命是为全球各地的人们创造一个有意义的工作场所。公司名称由"激发激情"的特殊寓意而得名。

富尔顿将Fuel50描述为"Match.com（人脸识别技术约会网站）遇到了领英"。意思就是，Fuel50将员工的职业路径和公司内部的岗位机会相匹配，然后在公司内部找到能够帮助员工成长的"福星"。Fuel50背后的理念是先进的——研究表明，46%的员工希望在他们的组织里有清晰的职业发展通道。这是因为他们在意目前公司里是否有成长、发展以及职业晋升的机会。所以，如果你想让员工在公司里发展他们的事业，你就需要给他们机会。遗憾的是，员工往往更容易通过领英寻找外部机会。

Fuel50帮助员工找到以下问题的答案：

- 在这个行业里，我最适合的岗位是什么？

- 我渴望担任什么样的角色？

- 我怎样才能从现在的岗位转到心仪的岗位？

- 我怎样才能在这个行业里成就一番事业？

- 我怎样才能找到一位导师、教练或者学习经验（拓展性任务、项目和被称为"零工"的兼职任务）来帮助我发展职业生涯？

- 平心而论，如果我都能胜任，我将会怎样决定？

Fuel50对经理和领导者来说也很有参考价值，相当于给员工配备了一个"职业比赛计分器"，让他们认清现实。正如富尔顿所说："我们相信，有志者，事竟成。我们估算出员工现状与潜在的目标岗位之间的匹配得分，勾画他们达到目标所需的能力、技能、资历、经验的路线图。"

Fuel50的主要用处是在公司内部建立一种不断成长的文化和理念。这对千禧一代来说尤为宝贵。让我们以新员工拉希德

（Rashid）为例。拉希德六个月前从学校毕业后顺利入职，成为一名拥有MBA学位的商业分析师。他想知道成为首席财务官（Chief Financial Officer，CFO）需要具备的条件。Fuel50的测评结果显示，他有成为首席财务官的潜力，但目前的匹配度只有18%。然后，Fuel50为他勾画了一个晋升的路线图。这种可见性是员工所渴望的，同时也可以看出员工在工作中对于如何实现他们的价值观、目标和工作激情的感悟。这些模块都是Fuel50服务的重要组成部分。

这款产品后来演变成了一个职业路径工具。通过被称为"燃料因素"（Fuel Factors）的职业洞察力识别工具来帮助激发员工的全部潜能，各展所长，包括价值观、才能、工作/风格匹配和职业敏捷性。如果这些职业要素与公司内的工作机会相匹配，公司在员工寻找实习、拓展任务、安排导师方面就会给予支持，为员工的职业发展之路保驾护航。

万事达卡公司就是一个很好的例子。该公司通过Fuel50为员工提供全球职业路径。万事达卡最初引入Fuel50作为一项职业发展计划，作为"经理人课题"（Managers Matter）培训项目。该项目在公司里颇受欢迎。目前在全球有12000名该公司员工使用Fuel50。万事达卡董事伊丽莎白·巴里罗斯（Elizabeth Barrieros）说：

未来，我们将持续为这个平台注入增强模块，为员工建立辅导关系，并从组织中的其他人那里获得员工才能的反馈，进而持续帮助员工建立人脉网。此外，我们正在研究将Fuel50与Degreed融合，这样可以让我们的员工直接获取学习资源，这些资源也与他们进一步发展息息相关。

有目标地工作

亚伦·赫斯特（Aaron Hurst）在16岁时赚取了第一桶金，从那时起成为一名创业者。当赫斯特还在密歇根大学（University of Michigan）读书时，他与学校合作开发了一个风靡一时的项目——组织学生到管教所教犯人创意写作课程。赫斯特认为体验式学习比书本学习更有价值。由于有学习障碍，他不擅长从书本中学习知识，他的学习来自"干中学"。从探访囚犯的经历中，他获得了很多话题的深刻见解，从创意写作到社会学，从心理学到刑事司法，从群体动力学到同理心。赫斯特认识到体验式学习的快乐，认为它是一种汲取知识、揭开生活真相的有效途径。

1995年，赫斯特进入公益领域，在芝加哥（Chicago）致力于城市教育管理。虽然他热爱公益事业，但他很快意识到，他们的影响力着实有限，因为他们陷入了非营利组织的贫困心态，这意味着由于资金的限制，他们止步不前。赫斯特决定探究公司特别是营利性的初创公司是如何扩大规模的，并试图将其经验应用到非营利领域。

1997年，赫斯特来到硅谷开始一段旅程，在一家房地产初创公司找到了一份产品经理的工作，负责为客户提供有关购房过程中知情权和所有权的咨询服务。后来他去了另一家初创公司iSyndicate（后来被Yellowbrix收购），这家公司主攻信息内容的聚合和分发，是博客的先驱。在两家科技初创公司工作的经历让他意识到，非营利组织的问题在一定程度上与资金有关，但更关键的问题是缺乏人才。赫斯特认为要想真正扩大公司规模，应该先招揽人才，然后再考虑公司的需求，非营利组织的招聘总是滞后于需求。通常情况下，这些初创公司没有营销、技术、人力资源或其他职能方面的资源，生存状况岌岌可危。

赫斯特知道人们热衷于慈善事业和志愿服务。但他意识到，在非营利组织最需要的领域，人才沟通的桥梁尚未搭建。他还发现，公司并没有设置实践学习环节。因此，2001年，他决定创办一家名为Taproot基金会的公司将两者联系起来。Taproot的使命是领导、动员和吸引专业人才参与推动社会变革的无偿服务。Taproot将所有类型的专业技能汇集起来，帮助非营利组织提前获得所需的人才。在12年的时间里，赫斯特将公益社会运动发展成了一个市值150亿美元的"大卖场"。

对赫斯特来说，关于Taproot最有意义的事情是，有很多人告诉他，公益工作是他们职业生涯中浓墨重彩的一笔。这种反馈也让他想到了事情的另一面——人们从根本上对自己的职业不满意，倾向于用志愿服务来进一步寻找工作的意义和目的。

在过去的几十年里，赫斯特一直在探索目标和工作之间的关系。因此，2013年，他决定开启一段新的旅程，与人合作创立了Imperative科技公司。这家公司的目标是建设这样一个世外桃源，在这里，大多数员工都是目标导向型的，这样，对员工、公司、社会都有益。

为了在工作中树立目标意识，赫斯特出版了《目标经济：你的影响力、个人成长和团体的渴望如何改变世界》（*The Purpose Economy: How Your Desire for Impact, Personal Growth and Community is Changing the World*）一书。在他的书中，详细描述了他对人们如何看待工作的深入研究。赫斯特发现，人们倾向于从两个不同的角度来看待工作。第一种是目标导向，意思是说，有些人把工作看作是实现个人成就的一种方式，同时也是服务他人的一种方法。在第二种导向中，人们将工作视为获得地位、晋升和收入的途径。

赫斯特的哲学理念是，经济在不断变化，当我们紧扣目标时，它就变成了经济的驱动力。Imperative公司建立了首套围绕目标的考核准则，便于员工找准定位，扩展目标。员工可以围绕他们的目标驱动规划自己的职业生涯。所以，与其梦想成为伟大的工程师或伟大的营销师，你不如考虑设立一个远大的目标。重要的是，无论你的工作或角色是什么，你的目标都会让你感到不可思议和满足——这是唯一可持续的事情。

赫斯特认为，公司迫切需要打造一种更有目标性的工作文化："各行各业都求贤若渴，不只是要求员工敬业，公司人才战略框架中还有成就激励。"Imperative公司正与《财富》100强（Fortune 100）公司合作，帮助员工透过目标的视角思考技能发展、职业发展、领导力发展，还帮助员工审视自身能够胜任工作的能力素质。这对未来几代人来说非常重要。在Imperative公司的研究——高等教育的目标中，Z世代是迄今为止最注重目标导向的劳动力群体；47%的学生以目标为导向（相比之下，目前职场中该比例为28%），近1/3的学生表示，他们更愿意选择主修一个目标下的专业，而不是某一学科下的专业。

为了确定公司层面的目标导向，员工要接受一项评估，确定他们的目标驱动因素，并回答他们在工作中如何实现目标的相关问题。他们分享的信息可以很好地衡量他们的关系、影响力和成就感。参与者还被要求设定一个在90天内达成的职业目标，关于如何成为一个好的领导者或经理。如果参与者是公司的新员工，他的目标可以是基于工作的前90天。根据评估结果，公司为员工提供目标驱动力和一个仪表板，该仪表板列出了他们的短期目标、每周需要采取的行动，以及对照测量出来的个人表现，包括人际关系、影响力、个人成长。基于该技术平台，Imperative公司已开始与获得Imperative方法认证的外部教练合作，帮助指导员工实现工作目标。

为什么首席执行官和公司应该关心目标

有些公司不愿提及员工工作的目的和意义，但是，有充分的理由让领导们关注。根据纽约大学（New York University）发起的2015年"劳动力目标指数"（Workforce Purpose Index）显示，无论行业或岗位如何，目标导向型员工都是劳动力中最有价值、最具潜力的群体。无论从哪方面测量，目标导向型员工都比他们的同事表现得要好：

- 预期任期延长20%；

- 担任领导职位的可能性要高出50%；

- 47%的人更有可能成为雇主的推动者；

- 工作满意度提高了64%。

了解员工拥有的和急需的技能

几十年来，大卫一直有一个崇高的目标——一个挑战学习和思考教育方式的目标。他的使命就是"打破学历"，改变世界的学习方式，为每个在职业生涯乃至一生中坚持学习的人给予肯定。2012年，大卫将这一目标付诸行动，与他人共同创立了教育科技公司Degreed。

在成长的过程中，大卫是个好学生，他在学习上投入了大量的时间和精力，确保4.0的平均绩点，还参加了很多的大学预科班。他是年鉴编辑和学生会成员，他踢足球，做过课外工作，当过鹰级童子军①，还吹过萨克斯。简而言之，大卫做了所有成为一个典型的大学申请者"应该做"的事情。但事实上，像大卫这样优秀的好学生，他所受到的教育和使用的学习方法只是达到目的的手段。他相信他和他的同学们听到的故事——在学校表现好就能被最好的大学录取，毕业后找到最好

———————————
① 鹰级童子军是美国童子军的最高级别荣誉勋章。

的工作，并为他们的职业生涯做好准备——"最好"总是最安全、最有社会地位的选择。

然而，在他17岁参加美国大学入学考试（ACT）后，他顿悟了。他意识到，尽管他在教育上投入了多年的时间和精力，但他在这一次考试中的成绩将几乎决定他一半的未来——这是他能进入哪所大学的一半方程式，相应地，这似乎也是他获得工作机会的一半方程式。在他看来，这种教育体制似乎很疯狂。

尽管大卫当时并不知道，大学的录取标准是由SAT成绩、ACT成绩和"邮政编码"决定的——这就是大学瞄准潜在学生的方式。这并不是因为你数学好或者是乐队成员，而是因为你在ACT考试中得了高分。

"我认为高风险的考试，就像ACT[②]或SAT[③]，和你是谁或者你是否有潜力没有任何关系。事实上，它与你参加考试时的社会经济地位密切相关。教育部门鼓励人们精通考试，而不是精通学习。"大卫意识到，虽然他的确是一个优秀的学生，但他实际上是一个非常糟糕的"学习者"。他没有学习的热情，没有好奇心，对所学的东西不感兴趣——他程序化地吸收知

---

② SAT，学术能力评估测试，Scholastic Assessment Test。
③ ACT，美国大学入学测试，American College Test，也被称为"美国高考"。

识，然后在考试时输出。大卫不仅仅想成为一名优秀的学生，他真正渴望的是成为一个杰出的学习者。这个目标赋予了他终身学习的热情。

尽管他对高风险测试的运作方式持保留态度，大卫仍然留在了程式化学习的传送带上，他参加了考试并且成绩斐然。他顺利从杨百翰大学（Brigham Young University）毕业，获得了经济学学位，和其他许多人一样，他的学位成为他在就业市场上的价值衡量砝码。

大学毕业后，他找到了一份位于达拉斯（Dallas）的管理咨询公司的工作。尽管在那里他学到了很多，提高了自己的技能，并和优秀的人一起工作，但他还是觉得有所缺憾。在此期间，他意识到，他想把精力和热情投入到教育事业，即使这意味着放弃管理咨询的社会地位和经济保障。

"我开始思考，我们的正规教育方式不能体现我们对自我的认识，或者我们能做什么。更重要的是，我意识到，决定我们人生机会的应该是拥有的技能，而与技能开发的途径和方式无关，我想尽力解决这个问题。"

他开始寻找对学习和教育感兴趣的人和公司，结果寥寥无几。后来，他听说在犹他州有一家叫梓驰网的科技初创小公司，它的标语是"学生，不仅仅是考试分数"，这引起了他的兴趣。梓驰网类似于面向高中生的领英，他们在上面创建的个人资料可以用在大学录取过程中。通过这种方式，学生们被考核的范围就不局限于考试成绩了。

大卫给梓驰网的团队发了邮件，他们回复了一两次，但对大卫来说，事情进展得不够顺利。于是，他买了一张飞机票，直接来到了他们的办公室。他敲了敲他们的门，说："嘿，我是发邮件联系你的那个人，我能带你去吃午饭吗？"午饭结束时，大卫收到了一份工作邀请，他欣然接受。

回想起来，大卫承认，为了实现目标而放弃原有的社会地位，实属不易。作为一名管理顾问，他的薪水很高，职业前途一片光明，福利待遇也很优渥。加入梓驰网意味着薪水要减少60%，他们在第一个孩子出生几周后，只能搬进父母家的地下室。

2012年，在梓驰网工作了三年之后，大卫坚定了自己改革教育体系的信念，并最终着手创办公司。大卫和他的小团队在旧金山（San Francisco）创办了Degreed公司，并开发了最初的产品：为个人和公司提供跟踪所有终身学习的平台，以及个人持有的学习档案，个人能够在整个职业生涯中跟踪自己的学习情况。

大卫认为学习就是在大学、雇主和教育提供者之间转换的旅行。你可以在YouTube上学习，在TED上学习，在通勤的路上收听播客，在工作中接受培训；也许去参加一个会议时，你会在飞机上读一本书。你穿梭于教育的所在地和提供者之间，尽管许多面向用户的创新的学习方式已经面世，但当学习者在教育的提供者之间穿梭时，学习者的旅程却鲜能得到支持和认可。Degreed公司的出现，成为第一个支持终身学习模式的平台，该平台助你寻找最佳的学习途径，并让所学成果获得认证。

如今，几年过去了，Degreed已经成为全球领先的教育科技公司之一，通过辨识员工的技能并不断帮助员工提升自身技能。Degreed帮助许多《财富》100强公司和其他公司解决了一些最紧迫的业务问题。

Degreed的核心是为了帮助人们学习，为他们实现个人目标和职业目标培养技能。在当今的专业技能经济中工作，你需要不断学习以保持与时俱进。通过自学某一特定主题包含的所有内容，你有可能成为该主题领域里学识最渊博的专家之一。它所需要的只是你的学习兴趣和自律保证。

前谷歌人力资源主管拉兹洛·博克（Laszlo Bock）的一句话一直支持着大卫："当你看到那些没上过学却在世界上闯出一番天地的人时，你会发现他们都是有过人之处的。"大卫在

Degreed公司创办初期遇到了一位厉害人物，她深深影响了大卫。她是一位55岁左右、很有成就的女人，但当大卫请她谈谈她的教育背景时，她回答说："哦，我没受过教育。我没上过大学。"

令大卫感到震惊的是，这位女士因为她没有获得传统的学位，就觉得自己没有受过教育。实际上，一个十五年前的经济学学位能告诉你今天你所知道的知识和真正能做的是什么吗？Degreed公司努力转换视角，确保人们各种方式的学习都能得到认证，无论他们是否拥有学位。

当然，大卫明白，除非我们的学习能够解答或者解决问题，否则它真的没有展示的机会。虽然人们在一生中会通过各种渠道学习，但确实没有一种方法来跟踪他们学到了什么，或者让在他们更换工作时把学到的东西带走。幸好大卫有远见，现在，任何人都可以去Degreed网站免费建立一个学习档案，开始追踪自己的学习情况，并继续培养实现职业目标所需的技能。通过数据和分析，领导者和经理还可以了解他们的团队和组织学习目标，并评估公司在培养员工技能满足工作需求方面的进展。

实践你的技能

6年前，艾米莉·富特（Emily Foote）接到了她以前在德雷塞尔大学（Drexel University）的法学教授卡尔·冈本（Karl Okamoto）的电话，冈本告诉她，他获得了一笔为期6个月的小额研究资金，准备创办一家教育公司。为了拿下这项小企业创新研究基金，该公司需要实现两个目标：必须具有社会影响力，必须创造就业机会。当时，富特是一名特殊教育执业律师，冈本看重她在课堂教学方面的经验，认定她是一个理想的商业合作伙伴。

富特一直对教育充满热情。从事律师工作之前，富特参加了"美国援教"（Teach for America）项目，在亚特兰大的贫困学校担任了两年的小学教师。"美国援教"项目从全国各地的顶尖大学招募杰出的大学毕业生，在他们的终身职业生涯开始之前，让他们在最贫困的学校任教两年。结束"美国援教"项目之后，富特又在KIPP特许学校（免费公立学校）教了三年高中和初中，然后才去了法学院。"美国援教"和KIPP特许学校项目都挑战传统教育范式，这意味着，富特为她即将要加入的教育科技公司积累了丰富的经验。

出于个人原因，富特的愿望是从事不同于传统模式的教育工作。虽然富特在高中一直成绩优异，但她从不觉得自己聪明。不知什么原因，她总觉得自己是在欺骗大家，她认为自己只是一个很好的模仿者。在她看来，传统学校建立一对多的情境，由一位老师或教授推送内容并分发作业。尽管她知道自己是个好学生，因为她完成了教授们的教学要求，但她仍然不确定她是否吸收了所有的内容，是否学到了最重要的内容。即使取得了好成绩，她还是觉得自己不聪明、缺乏自信。直到她进入法学院，听了冈本教授的课。冈本教授的教学方法截然不同。

冈本热衷于法学教育。他认为，法学院的法律教学方式与实践已经脱节了，学生毕业后还能记住并能够应用于实践的知识屈指可数。传统意义上，法学教授更注重理论而不是实践。通过他自己的研究，冈本发现法律专业的学生在成为出色的、称职的律师之前，平均要经过8年的法律实践。

他的研究还揭示，称职的律师一定有高人指点，他们善于观察同行和资深律师如何执业，善于实践以及获得反馈。总之，律师需要实践、反馈和反思，才能在行业里出类拔萃。他认为这也适用于其他学科。

冈本决定在他的法律课上实践他对真正学习的思考。这对他的学生产生了深远的影响。冈本开创的模式按每四周一个周期进行主题分块，小班教学——只有12名学生。第一周，强调边做边学；第二周，向同伴学习；第三周，向该领域的专家学习；第四周，反思所学到的内容。冈本方法的关键不在于教学生如何动手实践，而是让学生自己去摸索如何实践。

例如，为期四周的阶段学习可能涉及学习资产购销协议。但冈本并没有就这个主题进行授课，而是让学生结对，给他们一周时间准备一份资产购销协议。然后，学生们必须离开课堂，自行起草一份协议。在接下来的一周，每对学生都要展示他们完成的作业，而其他学生则依据评分标准进行打分。这样，在展示结束后，学生公开讨论他们做得好的方面和可能更好的方面，当场向汇报的同学给予反馈。然后轮到下一对展示，直到每个人都展示了技能、提出意见和建议，并收到反馈。

第三周，学生们进行实地考察，拜访律师事务所，向两位执业律师展示他们的资产购销协议，并从这些专家那里获得反馈。最后，两位专业的法律合伙人向学生们传授如何在该领域里做到学以致用。第四周是反思。每个学生都有一本日志，他们在上面写下他们学到了什么、将要做什么、坚持做什么。第四周结束时，冈本将主持一次回顾性讨论，综合这四周所学到的知识。然后他们将继续下一个话题。（请注意，冈本的教学严格遵循第1章所讨论的学习循环原则——识记、练习、反馈和反思。）

上了冈本的课之后，当富特离开法学院时，她对自己充满信心，跃跃欲试，等待大显身手的机会。因此，当冈本告诉她，他们可以开发出一款反映自己教学方式的技术产品时，富特感到很兴奋。她相信这个产品会影响更多的人，于是毫不犹豫地加入了冈本教授的团队。

他们创立的Practice公司是一家提供同伴间互动视频辅导和评估的教育科技公司，将通过技术复制冈本在德雷塞尔大学课堂上的教学过程。最初，他们希望利用先进的视频技术来帮助教育工作者在课堂上更有效地教学，但他们很快发现了其他技术帮助公司扩大学习规模的可能性，这种技术以一种实用、协作、强大的方式帮助员工学习和培养技能。

当艾米莉和她的团队第一次访谈大公司的员工，了解他们倾向如何学习时，大多数人告诉她，学习效果最好的方式是角色扮演、获得反馈、接受指导、同事互动。然而，正如富特所发现的那样，大多数员工在工作中并未采用这些方式。经理们似乎没有时间给予员工需要的、具体的、可行的反馈。正因为如此，艾米莉更加相信Practice将是公司学习解决方案的理想产品。

Practice所做的就是模仿这些精巧的、面对面的小型培训，培训原本需要大量时间、金钱和人力，Practice帮助公司以一种扩展性更强的方式进行培训，并且不会因为是线上培训而降低效果。

Practice提供创作工具（通常由学习人员和研发人员使用），设立四个学习步骤的练习，然后以完整工作组的形式交付。这意味着，面对面培训的四个有效的组成部分在Practice中得到了复制：

- 一种练习技巧的手段；

- 一种建立社会资本、获得同伴反馈的途径；

- 一种自我反思的方式；

- 一种从"专家"那里得到直接指导的方法。

例如，比萨连锁店达美乐（Dominos）使用Practice进行管理培训。他们有一个优秀的持续管理项目，每年都输送若干批员工到总部，帮助他们在领导岗位上晋升。达美乐定制的主题包括如何管理损益表（P&L）、如何有效提交直观的反馈报告、如何编排会议议程。由于把员工送到总部学习的费用不菲，不仅有差旅费用的支出，而且还需让员工脱离日常工作。他们用Practice取代了面对面的现场培训，这样一来，达美乐节省了成本，同时保持了学习的有效性。

康卡斯特公司（Comcast）是另一家使用Practice的公司，他们已经在新聘用的客服中推行了这种做法。起初，一组新员工被要求完成一系列的练习，比如如何恰当地与客户寒暄，或者如何处理客户对账单的抱怨。首先，给新员工看一段顾客对账单不满的视频。然后，新员工自己制作一段视频，介绍他们认为应该应对不满意客户的方式。他们上传视频后，会收到一系列评价标准的问题，要求对自己在互动中的表现进行评分。如果对得分不满意，可以重新录制视频，直到对得分满意为止。换句话说，他们可以一直练习，直到满意为止。员工平均要提交6次视频，才会最终满意。

在第二阶段，新员工们进入众包的同伴评审阶段。员工被随机分配给同伴进行评估，评定标准与第一阶段的自评方法相同。艾米莉的团队调查发现，人们倾向于获得同伴的反馈，也乐于给予同伴反馈。他们欣然接受反馈，因为他们觉得从同事那里学到的比从经理那里学到的更多。他们的同事才是真正做这项工作的人。他们也乐于给予反馈，有些人甚至提供了超过规定要求的三组反馈。那些接受访谈的人说，给予他人反馈，他们感觉良好，大有赠人玫瑰手留余香的意味。

某种程度上，Practice最具吸引力的地方，是自我反思的可能性，这也是激励艾米莉创建Practice的原因。这才是学习的本质。因此，在第三阶段，新员工会面对一个"典型"案例——如何应对一个棘手的客户，或者如何处理尴尬的谈话。这个案例和员工自己录制视频的反馈都呈现出来，员工对比观察后，引发自我反思："我学到了什么？我要开始做什么？我要放弃做什么？"

自我反思强调乐学勤思，颠覆了传统的、被动的教育模式。自我反思有助于知识的汲取，让员工有信心掌握一项新技能，而不是强不知以为知，或者滥竽充数。

团队合作解决业务问题

山姆·赫林（Sam Herring）是西雅图（Seattle）的一位企业家，也是一位不折不扣的文艺迷。他在耶鲁大学攻读历史学，在哈佛大学获得公共政策和人力资源开发的双硕士学位，还辅修了伦理学和宗教学。赫林的艺术才能刚好吻合了时下文艺蓬勃发展的态势。如今，每个行业都非常需要像批判性思维、应变能力和沟通能力这样的软技能，而像数学和科学这样的"硬技能"也不可或缺。

1999年，赫林作为初创公司的首名员工，加入Lguide在线学习服务公司。公司的业务是帮助其他公司就异步电子学习中的有效内容做出明智的购买决策。该公司将业务扩展到了行业研究领域，并扩大服务范围，提供特定的外包服务。在帮助创办Lguide的过程中，赫林学习了行业培训、客户需求以及公司治理，比如降低成本、发展节奏、提高员工敬业度等知识。

2012年前后，赫林意识到这个行业正在发生变化，人们开始对学习有更多的期待：

从技术角度来看，2007年前后iPhone的发行以及YouTube被谷歌收购是一个分水岭。几年后，这些技术开始出现在公司中，员工们会说："哇，作为一名消费者，我的设备给我带来了奇妙的体验，为什么我要在工作中忍受这些垃圾呢？"

所以，赫林和他的团队嗅到了商机。他们开始做不同的尝试，他承认并不是所有的尝试都行得通。这是一种演变，他们从核心理念开始，然后与一些客户合作，这些早期客户的投入对未来产品的形成有着重要的影响。他们也受到了大学里使用的慕课概念的启发，在工作情境下重新设计了产品。赫林想："如果你能通过大规模的协作学习而非教授们的个人魅力来解决业务问题，那会怎么样？"

因此，赫林团队向客户抛出了一个问题：如果有个学习平台可高度扩展、高度参与和协作，并包含团队驱动的学习体验，这种能够帮助解决业务问题的学习平台，他们是否感兴趣？

那时候，这种技术根本不存在。你有自订计划的在线学习、网络研讨会技术，还有像Blackboard这样更先进的技术，但没有一种技术能真正满足公司学习的需要。

这个问题引起了极大的反响；人们对这种学习充满了好奇。大约12家客户希望与他们合作，这给了赫林和这个25人团队极大的信心，团队全心投入到协作学习技术中。最终，在2015年，他们把业务的服务板块卖给了施乐（Xerox），并推出了Intrepid Learning作为独立的技术业务。截至2017年年底，短短三年时间，Intrepid累计增长率为750%，获得了40个行业奖项。Intrepid后被高等教育领导品牌VitalSource科技收购，组合后的团队主攻公司学习技术、专业学习技术的相关业务。

Intrepid专注于工作中的实践和应用。学习和工作往往被视为两个截然不同的领域。"这是教师主导培训（ILT）的致命缺陷。是的，你现在确实能让学生在课堂上很投入，但不一定能学有所用，而且时间越长，你可能越不会为了工作再浪费精力充电。"因此，赫林继续专注于工作中的直接应用，实际工作——然后围绕其进行协作。

Intrepid讨论会的目的是抛砖引玉，让员工与他们的团队深入实践，然后与学习小组讨论进展是否顺利，帮助个人和团队按计划推进学习。

按时间计划推进学习，其重要性不言而喻。我们的大脑需要时间来处理信息，而不是在8小时的课堂培训中记住大量数据。按计划推进学习给了我们实践的机会，让我们在整个学习过程中循序渐进。

Intrepid是一家以使命为导向的公司，Intrepid员工最引以为傲的是，能够使客户和合作伙伴为其员工创造变革性的学习体验。他们所做的工作不仅仅是创造商业影响力，还影响着人们的生活。赫林说："硬技能和软技能对人们的职业生涯都很重要。这是我们的选择，我知道它们会对学习者有很大的影响。到最后，那种感觉真的棒极了，我们都能感觉到很好。"赫林继续说道，"我可以说，不要认为这是一派胡言乱语，因为我们正在做的，是与大家一起解决公司里最胶着、最棘手的学习投入和业务挑战的问题。"

Intrepid最成功案例之一是2014年与微软合作，为全球销售团队创造了一种新的培训方案。微软已经决定发展成为一家云优先、移动优先的公司。这意味着公司将业务重点从硬件和软件转移到"云"产品，如服务器、存储数据库等。但这一转变将对微软的全球销售团队产生重大影响。这一全球团队不是向IT经理推销产品，而是向财务、会计和市场营销部门的业务决策者推销，销售策略截然不同。

微软面临的挑战迫在眉睫：他们如何培训全球销售人员，更改他们的销售技巧，以适应新的客户群？

Intrepid很快瞄准了这个挑战带来的商机。他们看准了这个对销售人员来说天翻地覆的变化，为应对这个变化，需要某种程度上的新方法。Intrepid迅速响应，与欧洲工商管理学院（INSEAD）、伦敦商学院（London Business School）、凯洛格商学院（Kellogg）和沃顿商学院（Wharton）共同开发了一个云迷你MBA项目，将相关学习内容和活动放在Intrepid的技术平台上。该项目包括预先录制的教授视频讲座、测试理解能力的小测验、在线讨论论坛、相关案例研究以及制订客户计划的"任务"作业。

来自世界各地的销售团队受到鼓舞，他们相互交流，交换学习笔记，评价彼此的学习。他们还追踪自己的进步，并与同伴的进步进行比较，这是一项旨在促进友好竞争的活动。课程结束时，那些达到阈值通过率和及格分数的学员将获得相关商学院颁发的证书，以及他们的领英档案上的数字徽章。

这是一个值得称赞的故事，对微软来说，它的效果惊人。当微软以新的收益来衡量这个项目的影响时，他们发现，数以千计的学习者中，仅200人就已经创造了超过5000万美元的增值额。此外，销售团队对这个项目也非常满意，参与度和满意度得分远远超过了微软以前举办的其他线下研讨会。结果显示，该项目不仅影响了业务和员工满意度，也赢得了销售代表们发自内心的赞扬，其中一位销售代表骄傲地宣布："我选了这门课，正因为我选了这门课，我和一家银行签订了一份2500万美元的协议！"另一名员工深受感动，以至于他多次推荐该项目，他觉得这个项目对他的职业发展非常有利。有了良好势头，微软继续沿用定制的慕课培训广泛营销策略和核心技能就不足为奇了，培训为来自世界各地的销售团队建立了关系，分享难点和见解，并且以前所未有的方式进行沟通。

公司文化和技术的关系

新的学习技术需要公司改变他们对自主学习的看法，以及他们对学习和工作的态度。许多公司习惯于命令和控制的文化，但事实上，厘清公司的基本哲学是成功的关键。例如，如果一家公司购买了提供免费学习内容的技术，但随后却阻止员工在工作时访问YouTube，那么这项技术就与公司的理念相悖。同样，如果管理者执意跟踪员工使用的每一条在线内容，监控他们如何完成任务，那么这种做法也与鼓励员工拥有自己的职业和学习之旅背道而驰。

公司需要更多地适应员工的需求和需要。此外，没有任何一种技术是万金油。你不能只购买技术就指望员工会自动转换。要使新技术发挥作用，还涉及实施、管理、行政支持、沟通和营销，这些都是持续成功的重要因素。

建立精进的生态系统

在厘清你引入学习技术的缘由之后，你可能有了其他的想法——帮助你的员工发现他们的职业目标或者找到他们的工作意义。你还希望帮助他们与同伴共享知识，帮助他们评估、学习、培养、练习技能。然后你可能会发现，市面上没有一家公司或一种技术能满足所有学习需求——也许技术集成更好。在开始阶段，选择一种以上的技术可能更具挑战性。不过，从长远来看，公司应该考虑创建一个学习的"生态系统"，这个系统能够无缝衔接最好的技术来解决问题。

运用学习生态系统理念还有其他裨益。例如，如果你现在正在使用一个视频内容平台，并且已经将它整合到你的学习生态系统中，然后你发现有另一个视频平台更适合你的需求，你就很容易进行更换。你并不会为生态系统的任何组成部分所束缚——它也会随着技术的不断发展而更新。

在帮助员工设定他们的职业目标、创建和传播内容、发现和消费信息跟踪技能和学习方面，市场上的许多颠覆性技术正在改变游戏规则。市场上涌现了许多独特的、前瞻性的、颠覆性的学习技术。在大多数情况下，学习解决方案是由那些致力于改变世界的人创造的，他们的使命是扩大技术规模，以帮助人们用独特而振奋的方式学习。

许多教育科技公司的创始人，比如本章中描述的那些教育达人，并不仅为了赚钱而创造技术解决方案。他们之所以创建解决方案，更是因为他们热衷于解决特定的业务问题，并看到了巨大需求——他们希望在改变世界学习方式的方面有所建树。

如何创建精进的生态系统

长期以来，即使有些技术已经不起作用，公司还是固守现状。虽然你不想频繁更换技术，有些问题你视而不见，但是，也有一个平衡点。通过正确的技术，你可以通过以下几种方法获得成功：

1. 制定学习和人才战略

这似乎是常识。在购买技术支持该战略之前，要先弄清楚你想做什么，你的战略是什么，以及你试图解决的业务问题。

2. 深入调查和研究

有很多可用来解决特定技术问题的重要资源，包括《哈佛商业评论》和快速公司（Fast Company）。请及时了解最新信息。

3. 投资适应性而非效率

不要幻想可以在一个简单、无缝的应用程序中完成一切的集成系统。它感觉很熟悉，听起来很安全，可能会很有效率。但是，将所有的流程、内容和用户都锁定在一个单一的系统中，并不能在需求和优先级变化时帮助你进行调整，而学习技术生态系统可以。

4. 关注价值，而不是价格

看看标价之外的东西。根据福斯威集团（Fosway Group）的研究，授权费仅占"拥有"全公司软件总成本的35%。大部分的费用实际上是在你签字之后，是在你实施、操作和创新的时候产生的。所以，深入研究，考虑生产效率的提高，考虑新的可能性，并考虑推动采用、利用、使用这些技术所需的时间和精力。

5. 选择合作伙伴，而不是软件

不管用户界面看起来有多美观，或者集成听起来有多方便，软件都不会改变你的操作，也不会让改变持久，而人会。创新需要远见、创造力和勇气，但也需要解决问题。因此，要了解你的产品，以及你将与之合作的工程师和客户服务人员。你的成功也取决于他们的灵活性、经验和技能。

通用磨坊公司（General Mills）的前人才开发主管苏茜·麦克纳马拉（Susie McNamara）评估学习新技术时，考察的不仅是技术本身。她说："我不仅关注这项技术能做什么和它所创造的体验，还要考虑整个方案。当我购买这个的时候，我能得到什么？"她解释道，"我会有一个策展人团队吗？我会有一个营销团队吗？在很多情况下，这些答案在为我做决定。我不只是购买一项技术或一种产品。我购买的是整个团队的人力。我把他们看作是我团队的延伸。"

第 7 章

善用数据和洞察力分析技能

最近，凯利与硅谷某科技巨头公司的销售主管会面，主管很想了解他的销售人员都在学什么，有哪些技能水平，以及他们怎样才能完成更多的交易额。这三个问题，主管认为是销售人员完成销售指标，实现公司销售目标的基本要素。他想发挥团队最大的潜力，为公司创造佳绩。他思考如何让团队具有前瞻性，想了解他的销售人员需要学习什么、未来需要掌握什么技能，才能持续提高销售业绩。

他向他的销售团队发问，寻求问题的答案，他们只给了他一份关于学习项目投资回报率的报告，这份报告有50多页，读这样一份数据并不详实的报告让他感到烦躁。报告里并没有他想知道的信息，他沮丧地把报告扔在花园里。商业领袖和首席执行官们一直都面临着这样的困境：关于学习如何促进团队更加成功，他们总是得不到答案。

也许你曾经处于销售主管的位置，你拿到复杂的计算表格，表格试图展示培训影响商业绩效的相关关系或因果关系。最有可能的情况是，你被要求填写调查问卷——通常被称为"微笑表"——询问你是否喜欢某一特定的培训课程，但实际上它只会告诉你，员工是有多喜欢某一个培训讲师或是否培训过程中有难忘的经历。最常见是统计坐在教室里培训的人数和培训时间，事实上，这根本说明不了任何问题。想想看，如果有人告诉你，你的销售人员中有36人完成了在线道德培训课程、45人完成了销售方法课程，你该如何看待这些信息记录？这的确是今天大多数公司里领导者案头的数据。这些数据不能提供任何有价值的洞见，并不是商业领袖和首席执行官们想了解的内容。问题在于，我们通常对员工的技能空白知之甚少，对员工学到了什么也难以衡量。除此之外，学习与公司的成功似乎毫无关联。总之，领导者几乎没有一个方法来了解团队的技能，到目前为止，他们仍然茫然无措。然而，世界瞬息万变。

正如大卫经常说的那样，"市场靠技能说话，但直到现在还没有一个好的处理方法。"在数据分析的帮助下，我们能够了解员工已有的技能以及他们正在培训的技能。数据还显示他们学习的投入程度、最佳的学习投资方法，以及学习对业务的显著影响。由于个性化和技术的发展，我们现在能够获取大数据，了解员工如何学习、学习什么，以及学习如何影响他们的未来工作。如果我们对数据进行分析，我们能够发现规律，然后分析预测展望未来，而不是总是回顾过去。

数据可以回答领导者就培训提出的一些关键问题，比如：

- 我们应该花这么多钱来培训员工吗？

- 培训有效果吗？

- 培训值得投资吗？

- 员工在自己的业余时间里学到了什么？员工在工作中又学习了哪些我们没有跟踪到的内容？

在Degreed研究中，我们对来自150家公司的300多万会员进行了调查，发现会员中，有68%的学习不是来自他们公司当前的管理系统或其他公司资源，而是自主学习免费的、可获得的信息内容。二十多年前，彼得·圣吉（Peter Senge）在他的《第五项修炼》（*The Fifth Discipline*）一书中写道："唯一可持续的竞争优势是一个组织比它的竞争对手拥有更快的学习能力。"这一点，放在今天仍然成立。数据显示，员工的学习方式、学习内容、学习时间优于以往任何时候。如果所有的领导者手头都有这些数据，他们可能会在员工学习方面做出不同的投资决策。

将公司精进看作一项业务

为了进一步了解数据在制定学习策略方面的重要性，有必要学习一些顶尖公司是如何看待企业教育的。公司学习通常被视为成本，而不具有创收的功能，学习通常是被安排的任务，而非战略性的业务。例如，一个业务主管想要安排有意识的反歧视训练项目，另一个重视敏捷式开发培训课程，也许第三个领导要求安排新员工入职培训。所以，这里有三个缜密的学习计划，但没有一个宏观的学习策略来告诉你，如何完成成功的业务。一个具有超强学习能力的领导者，可以从多个来源的数据中制定出一个全面的学习策略，这个策略能够反映学习对公司和员工产生的深远影响。

许多成功的学习领导者并不是学习领域出身。相反，他们通常来自营销、产品研发、产品管理、技术、公司战略部门。这些领导者利用他们的业务背景，将学习当作一种业务，而不是一种支持功能或服务，通过业务的修炼，使学习成为战略竞争优势之一。

万事达卡（MasterCard）的首席学习官珍妮丝·伯恩斯（Janice Burns）就是一个很好的例子，她是具备商科背景的杰出学习领导者。在进入学习领域之前，她主要从事公司技术、产品开发和客户满意度的工作。同样，希瑟·科克比（Heather Kirkby）出任财捷公司（Intuit）人才开发部副总裁之前，一直在财捷公司产品管理和市场营销的关键岗位上任职。亚马逊（Amazon）人力资源高级副总裁贝丝·加莱蒂（Beth Galetti）最初在联邦快递（FedEx）担任首席信息官，后来接管了亚马逊的人力资源和学习部。还有，蒂姆·昆兰（Tim Quinlan）领导英特尔的数字学习战略之前，在英特尔从事销售、营销和技术方面的工作。

Degreed平台的全球业务解决方案主管苏西·李（Susie Lee）在进入学习领域之前曾是一名创业领导者。2010年，李从美国银行负责业务发展和品牌忠诚度的副总裁晋升为全球学习咨询副总裁。

李初涉公司学习时，公司正陷入流程和订单处理的泥淖。对李来说，事情非常棘手，因为很难获得数据信息。没有完备的数据，何谈分析数据的有效性？更别说按指标进行分类分析了。

李注意到，市场营销和数据记录的规则可以应用到公司学习中，她相信公司领导人愿意对员工的学习模式进行有意义的探索。

李认为，公司最明智的做法之一就是全员学习，把学习看作是一项业务活动。最简单的方式就是满足客户需求。但是在公司里，谁是你的学习型客户呢？学习型组织常常认为他们的客户是那些提出培训要求的团队主管人员，或者是人力资源部门。因为人力资源部门要求制订培训计划，人们默认他们最懂员工需求。但是，最终（这就是心态转变很重要的地方），学习型客户是你的员工，他们才是学习的人。这就是需要关注学习数据获得有价值的信息、了解你的员工拥有的技能，以及他们怎样通过学习掌握技能的原因。事实上，数据会显示员工真正需要的东西，并非天方夜谭。有种情况在公司中也时常发生，那就是，工程师们认为他们知道客户的需求，但实际上他们从未与客户交谈过。在学习中，你需要查看来自员工的数据，了解哪些方面需要加强、哪些方面需要改进。

当学习计划或学习技术被视为产品而不是活动时，学习战略、学习市场和绩效指标就会紧跟其后。根据李的说法，你可以分层使用数据：首先在产品层查看指标和数据，然后在项目层，最后在课程层。一旦有了这些层面的数据，就可以使用定性和定量的方法，在这些数据中找到深层内涵，从而扭转局势，从事件驱动逐渐转变为结果导向。

例如，假设你的学习生态系统中有各种各样的内容，你通过数据发现，某个特定的学习文库没有人访问或浏览——这个文库一年需要花费30万美元。根据这条信息数据的内涵来决策，你可以放弃这个学习产品，投资其他的学习内容，或者索性节省整个成本。

在另一个案例中，假设你的公司开发了一个学习项目来培养管理技能，但是你的定性和定量数据显示这个项目或产品作用甚微。就像一个产品，你会得到客户的购买，并在此基础上进行产品改进。客户反馈以一个数据点的形式出现，为公司提供有价值的内部信息，并指出你需要改进什么，以及你要如何调整业务方向。

李补充说："经常来讲，互联网项目，当它还不被视为一个产品或是像一个商业项目运行时，它往往受到的是来自人们观念而非真实数据的影响。"例如，在一家大型公司，当数据显示学习的门户站点访问量很低时，他们会计划投资更多的学习平台。"如果你参考数据来决策，会知道这就是一个简单粗暴的决定，你就不会花这笔钱，因为这个平台没有人使用，所以你不会投资更新它们。"

衡量精进分析模型的重要性

李认为，有了这些数据分析结果，她能够与领导者针对员工学习的影响力进行深层次的对话。最优秀的公司善于利用数据和分析结果提升公信力。许多公司应用学习分析模型（LAM）的规律来获取想要的信息。这个模型向你展示了如何：

- 收集正确的学习数据；

- 通过分析这些数据来发现有用的信息；

- 讲述一个关于学习如何帮助公司提升竞争优势的有说服力的故事；

- 利用数据为公司提供可行性方案。

基于这些信息，这种模型能够预测出结果，从而帮助决策者改进或进一步开发这种学习程序。

一旦你收集了所有相关数据，接下来就该分析这些数据了。分析这些学习数据的目的是帮助你洞察问题和找到答案。分析数据是科学的，又是艺术的。自从2012年起，数据分析作为一项技能，以超过650%的增长速度，成为当今商业环境最受欢迎的技能之一。总的来说，数据分析这一技能将会越来越重要。

为了讲述一个完整的学习故事，你需要在不同的层次上收集数据。例如，你可以在行业层面、公司层面、组织/团队层面和个人（员工）层面收集数据。每一个层面都有不同的"输入"，你可以利用这些"输入"来帮助讲述学习故事。

行业层面

通过行业基准研究和分析师报告的数据显示，该行业急需的技能是什么？我们的竞争对手有哪些技能？我们如何进行竞争？假设你经营着一家发展势头良好的网络安全公司，通过一份网络安全风险报告，你发现未来网络安全职位需求量很大，预测到2021年将有350万个网络安全岗位空缺。这个数据影响你的公司战略，你会考虑未来如何打赢人才之战。

公司层面

商业中最重要的战略驱动因素和指标是什么？假设你的客户对数据观察分析方面的专业需求不断增长。你接收到这条信息"输入"，为了保持竞争力，你决定加大数据专家的投入力度，计划在未来5年里招揽或培养5000名数据专家。

组织/团队层面

你的员工拥有什么的技能及他们需要什么样的技能来保持竞争力？你可以通过评估（包括技能自我评估、360度评估、同伴评估、经理评估）、反馈、学习目标、适应性学习、倾听客户意见等方式收集数据。例如，假设你在公司负责产品管理团队，你通过自我评估和管理者评估发现：对你们产品经理来说，产品优化是一项关键技能。如果你团队中某些成员这方面技能并不熟练，但你认为这项技能很重要，那你可以反馈给这些员工，将这项技能作为一个学习目标。

个人（员工）层面

你的员工在学什么，如何学习？他们有什么技能，需要培养什么技能？你可以通过研究、调查、学习技术平台分析、谷歌分析、机器学习数据和客户之声，收集正式和非正式学习与技能之间差距的有关数据。获悉员工正在学习的技能，以及他们正在培养的技能，对公司来说是至关重要的。在Degreed平台，我们利用自己的产品定期跟踪这些数据，从而了解组织内部员工拥有的技能。然后，当有内部空缺岗位需要这些技能时，我们就知道谁会感兴趣，因为我们掌握着员工的技能情况。当员工看到新学习内容、新掌握技能相关的工作机会时，他们会非常兴奋。

数据分析：行业层面

在行业层面，你可以用几种不同的方式查看数据。让我们以2018年世界经济论坛《就业前景报告》（*The Future of Jobs*）为例，该报告发布了国家和产业颠覆性技术的相关数据。报告指出，从2015年到2020年，劳动力中有35%的核心技能将被颠覆，如图7-1所示。报告还指出，到2030年，全球将有2.1亿人面临重新就业。

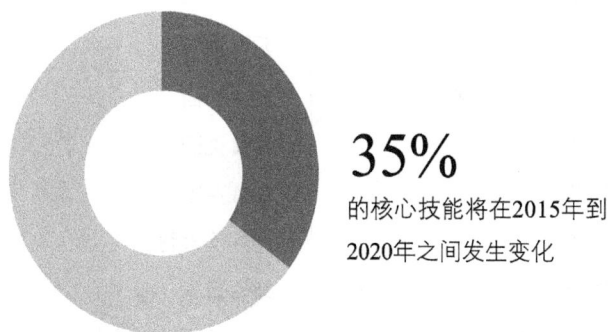

35%
的核心技能将在2015年到
2020年之间发生变化

图7-1　劳动力核心技能变化

那么，如何将这些数据和自己的数据进行对比分析呢？如表7-1所示，首先查看行业中同类公司的情况，然后再查看跨地区的数据。如果你的公司隶属意大利的金融服务行业，数据显示，你所在行业有43%的颠覆性技术，你所在国家有48%的颠覆性技术。这两个数据就是分析你的组织如何衡量技能时需要考虑的重要数据。

表7-1　国家和产业颠覆性技术

产业的颠覆性技术	国家的颠覆性技术
	48% 意大利
	42% 印度
	41% 中国
	41% 土耳其
	39% 南非
43% 金融服务和投资理财	39% 德国
42% 基础设施	38% 法国
39% 移动互联	37% 墨西哥
35% 信息和通信技术	31% 巴西
33% 专业服务	29% 美国
30% 能源	28% 英国
30% 销售业	27% 澳大利亚
29% 健康	25% 日本
27% 媒体，娱乐和信息	21% 海湾合作委员会
	19% 东盟

根据Degreed平台的前副总裁马克西姆（Maksim Ovsyannikov）的意见，"技能不仅成为学习的硬通货，它还是一个经济指标，也是评价劳动力的最有说服力的标准"。表7-2中，来自领英的数据展示了旧金山湾区（San Francisco Bay Area）最丰富的技能与最稀缺的技能之间的对比。

表7-2　旧金山湾区最丰富和最稀缺的技能

序号	最丰富的技能	序号	最稀缺的技能
1	perl /python/ ruby	1	健康管理
2	云计算和分布式计算	2	销售
3	集成电路（IC）设计	3	教育教学
4	C / C++	4	采购与合同管理导航
5	移动开发	5	微软视窗系统
6	其他软件开发技能	6	零售店面运营
7	Java开发	7	IT基础设施和系统管理
8	脚本语言	8	通用财务管理
9	网络编程	9	营销活动管理
10	软件测试	10	其他人力资源

表7-2的数据显示，旧金山湾区聚集了大量的软件开发人员，事实上，排名前十的技能都与技术相关。然后，你再看看技能鸿沟。数据显示，这里缺乏拥有医疗、销售、教育和营销

技能的人。所以，如果你是一个雇主，你就会警觉，招聘那些有稀缺技能在身的员工将会更加困难。如果你是一个员工，你可能就会很兴奋，如果你学习营销活动管理的技能，在旧金山就有很多工作机会。总的来说，我们的目标是多渠道收集行业数据，帮助你的组织确定合适的模式。

数据分析：公司层面

分析公司层面的数据，能够帮助你更好地理解学习对公司全方位的影响。你可以从生产效率、工作效能感、内部晋升速度这些指标里，发现更好的关于学习如何影响你公司的信息。如果你的公司目标之一是吸引新的人才和留住现有人才来构建学习的竞争优势，这些数据将会帮助你讲一个有说服力的故事。

2017年8月，万事达卡公司的首席学习官珍妮丝·伯恩斯开展了一项影响研究，他收集了1000多名员工数据，用于公司层面的数据分析。数据显示，与非用户相比，公司新学习平台上活跃用户更有可能出现这样的情况：活跃用户的生产率更高（54%），在工作中的效率更高（51%），在职业发展方面投入更多（46%）。伯恩斯还从数据中发现，活跃用户比非用户的工作更投入的概率为33%，他们更愿意与他人合作的概率为80%。这些衡量指标直接反映了万事达卡学习者的进步和反响。这些数据有助于讲述公司层面学习的故事。

同样，这些数据也为公司的全面人才战略提供了有价值的分析结论。伯恩斯持续跟进这些动态变化指标，制定了公司的人才战略。这些动态指标反映了员工的各种变化，伯恩斯敏捷地做出反应，及时调整战略战术。

数据分析：组织/团队层面

分析组织或团队层面上数据，包括收集相关职能部门的数据信息。目标设定在有意义的数据上，注意力不只是公司层面的，而且要针对不同职能部门的业务主管，比如工程主管或销售主管。例如，分析来自工程部的数据能帮助领导者制定工程师人才战略，而销售部的销售人才战略就不同了。

图7-2以公司学习部为例，归纳了从组织层面观察到的特定职能部门的数据。这些数据为学习部主管提供了公司员工已经掌握和未来需要掌握的技能类别信息。

组织层面采用"漏斗观察法"观测趋势和模式。首先从宏观数据开始，然后聚焦到组织或团队。例如，聚焦到学习部时，数据显示你有大量的项目管理者和教学设计者，但是缺乏技术专家或数据分析师。这些数据提供的信息，能够帮助你将团队拥有的技能与急需的技能进行比对。

组织目前拥有的
顶级L&D技能

组织未来需要发展
的顶级L&D技能

85%

课堂教学/F2学习

75%

发展合作

73%

学习管理

70%

数据分析

63%

训练和指导

66%

数字内容开发

62%

教学及评估

65%

在线研讨会交付

58%

项目管理

60%

技术/网络架构

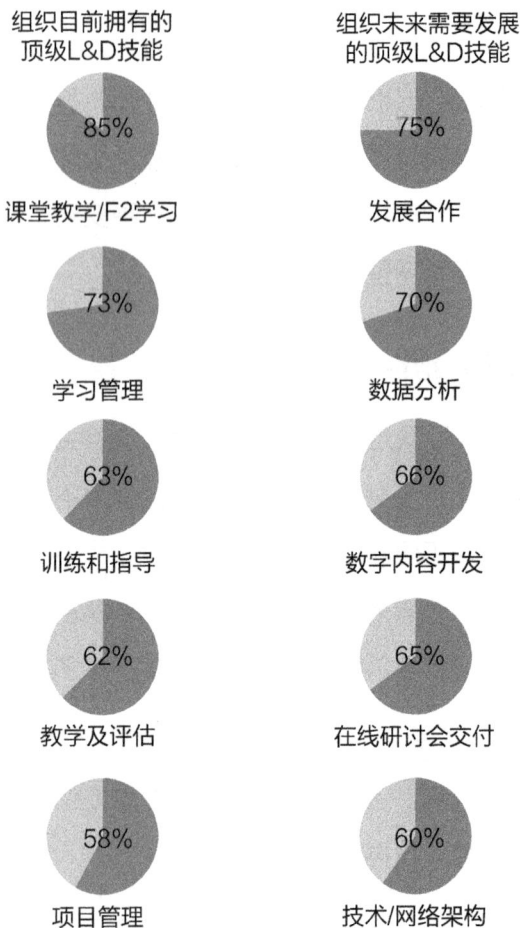

图7-2　组织目前拥有和未来需要发展的顶级L&D技能

当应用到工程部门时，数据可能显示，开发人员中具有
web开发技能的占80%，只有20%的开发人员具备移动开发技
能。如果你的公司正在向移动方向发展，那么这些数据就告诉

你，需要优化人才结构。这对于正在制定未来业务和人才战略的公司领导人来说，是很有价值的信息。

在团队层面，了解员工拥有的技能是非常关键的。令人惊讶的是，大多数领导者并没有这种洞察力，他们往往只关注雇用员工来做什么工作。凯利任职领英学习部主管的时候，她想要创建一个新品牌，这个学习产品需要公关方案设计和营销策划两门课程。凑巧的是，在凯利的团队里有一个叫纳瓦勒·法科郝瑞（Nawal Fakhoury）的人，她拥有公共关系专业的学位，纳瓦勒在上一家公司有创建学习产品品牌的经验。纳瓦勒进入领英后，主要负责员工入职培训，这么久以来，凯利只是在一次谈话中才了解到她有这些本事。当时情况下，纳瓦勒欣然接受项目的咨询工作，向公司贡献她的技能和专业知识。

如果有一个很好的方法来获悉你的团队或组织中所有人的技能，那么为员工创造新的成长和发展的机会相对比较容易。

数据分析：个人（员工）层面

个人层面的数据能够帮你清楚地了解员工学习的类型。过去，我们对员工技能学习的观察是碎片化的。而现在，借助于新的学习技术，在公司内外获取正式和非正式的学习数据并不难。在个人层面分析数据的目的在于，利用数据来讲述员工学习的故事，包括员工学习内容的类型，以及他们正在学习的技能。

2017年，Degreed和美国国家航空航天局喷气推进实验室（Jet Propulsion Laboratory，JPL）展开合作。JPL是唯一执行太空机器人和地球科学任务的国家研究机构。据喷气推进实验室的学习主管托尼·加利亚尔迪（Tony Gagliardo）介绍，该实验室的任务是把宇航员送到月球，以及管理航空航天局的深空网络（Deep Space Network）。深空网络是与星际飞船进行通信的全球天线系统。可以说，喷气推进实验室几乎聚集了全世界最先进的技术和最聪明的头脑，但即使是这些火箭科学家也需要不断学习。加利亚尔迪说："我们意识到，将来我们将面临技术的更新换代、技能的推陈出新，以及员工年龄结构的优化问题，所以我们也需要调整我们的学习策略和技术生态系统。"

他们想了解JPL实验室的科学家们如何通过学习在最前沿的技术领域保持创新和领先。为此，他们需要收集有意义的数据，掌握员工动态，从数据中找出检验学习效果和技能的方法。

让我们来看看JPL提出的问题和答案。

首先，员工在学习吗？无论他们在哪里工作，学习敏捷性和不断学习的欲望，都是人最重要的属性。看着你收集上来的数据，花点时间关注学习投入的程度。你能洞悉公司里的员工是否真的在学习吗？他们是否访问了你已经要求落实的学习内容和系统？如果情况如前所述，他们多久参与一次学习？你可以根据每周活跃用户、每月活跃用户、激活学习系统或登录学习系统的数据进行分析，也可以设置学习系统参与度指标的基准线。

其次，员工如何学习？他们是否参加会议、阅读书籍，从同行推荐的文章中学习？他们是否参与团队学习项目或计划？这里的分析可以帮助你梳理清楚，哪些投资是明智的，以及哪些方面可能需要改善。如果数据告诉你，你所有的工程师都在Pluralsight的内容数据库中学习，而你的公司只提供Lynda.com网站来源，你可能就要改变学习的投资方向了。或者，你发现员工各自从不同的资源中学习，那么更合理的做法是，为每个员工分配资金，支持员工去学习他们需要的技能，然后跟踪学习进度。这样你就可以持续收集数据，清楚掌握他们的学习动态。

最后两个问题是：员工有什么技能？他们需要什么技能？了解你的员工拥有的技能和急需的技能对于公司掌握他们的才能是至关重要的。公司需要知道是否储备了拥有未来所需技能的人才。例如，几年前在雅虎的工程组织中，移动开发人员凤毛麟角，因为大量移动开发人才被科技公司抢先收于麾下。市场招聘异常艰难，导致了一场对现有工程师的争夺战。如果你能预测工程师未来需要什么样的技能，你就可以未雨绸缪，帮助工程师提前培养这些技能，而不是试图在未来与其他公司争夺人才。

错误的数据会致命

然而，即使手头有这么多数据，我们也必须小心谨慎，因为发布错误的数据可能是致命的。在凯利工作的一家科技公司，人力资源团队利用一些他们公司人才的数据进行了商业评估。工程副总裁立即表示："这些数字与我们公司并不匹配。"一旦这些意见发布出去，其他高管也会质疑这些数据。德勤公司（Bersin by Deloitte）的前任分析师丹尼·约翰逊（Dani Johnson）表示："数据既可以建立信任也可以摧毁信任。我们需要弄清楚努力学习是如何影响绩效的，我们应该能够讲述清楚它们之间的关系，并在必要时给出合理的解释。如果每个人都在关注产品产量或透明度，而我们谈论的是学习者的满意度，就显得格格不入了。"尤其是对于数据驱动型的领导者，如果有人指出你发布出来的数据中的错误，你将不能讲述数据背后的故事。数据分析形同虚设。

珍妮丝·伯恩斯坚信我们仍然在学习的探索之路上，她建议："我们可以通过建立一个强大的技术生态系统，将碎片化的学习数据整合在一起，可能会有所突破。"伯恩斯指出，"有关数据安全的一些问题仍然没有得到解决，事实上，隐私法以及如何使用数据也面临越来越多的质疑，这些可能是一个挑战。"

但数据仍是未来的关键。她说："你不仅需要一个学习策略，还需要一个数据策略和技术策略。要获得真知灼见，你需要其他类型的数据——不仅是学习数据，还有人才数据和采访数据。关键是要讲一个完整的故事，分享学习中的点点滴滴。"

在公司讲述精进故事

那么，你为什么想听公司里的学习故事呢？如果看到上个月关于谁聆听了道德规范培训的报告，你觉得习以为常，那你就会打瞌睡。你不可能真的去关心这个培训，坦白说，大多数公司只有遇到诉讼时才想起谁接受了规范培训。

但是，如果你换种方式看待学习，这种方式可以理解为：给最能干的员工分配一个特殊的项目，或是作为一种手段，找出正在积极主动学习组织所需新技能的团队成员，这种学习将会成为公司人才战略和商业战略的一部分。

更胜一筹的是，借助于精准的数据，你可以讲述一个引人入胜的学习故事，而不是扔出冗长的数据表格。讲故事是吸引听众的好方法，能够传播有影响力的信息。据领导力教练克丽斯蒂·赫奇斯（Kristi Hedges）说："故事能够吸引我们沉浸其中，我们能够对他人的经历感同身受。"此外，"分享故事能加强人际沟通。学会如何在讲故事的时候捕捉、引导和保持听众的注意力是一项关键的领导技能。"通过讲故事的方式来阐述组织中的学习故事，是能够吸引人眼球的，另外，这种方式也能增强你对组织中人才水平的判断力。

第8章

让专业技能体现价值

如果你问一个人的健康状况，他告诉你，他20年前参加过一次马拉松，你怎么想？同样地，当有人问你的教育状况时，你会怎么回答？我们大多数人立即想到正式教育——我们获得的学位或毕业证书。你可能会提到你毕业的大学、学院。或者你会回答没有上过大学，没有取得学位。不管你是工作了20年还是20个月，关于你所受教育的问题，你的眼光还停留在学历上。

这是匪夷所思的。

你的回答是否涵盖了你所学到的一切？它是否囊括了你毕业后所积累的所有知识和经验——包括正式的和非正式的？

当然不是。

即便你完成了学业，你也不会停止学习。无论我们身处何处，我们的一生都在学习。但是大多数情况下，你可能并不是很在意你学到了什么，以及你是如何获得新知识的。事实上，学习是自然而然发生的：你通过观看同行的演讲学习新技能，或者拾起一本书，或者偶然发现一个TED演讲视频。在专业技能经济中，重要的不是你如何获得技能，而是你确实身怀技能。以一种积极的方式赋予专业技能价值，用它来保障就业、促进职业发展，甚至改变世界，是我们面临的挑战。

我们都在努力学习，与时俱进。科技进步的速度超过了人类和社会的适应速度。尽管方法不断推陈出新，但是迭代缓慢，已经跟不上科技进步的速度了。普利策奖（Pulitzer Prize）得主、记者兼作家托马斯·弗里德曼（Thomas L. Friedman）在《谢谢你迟到：以慢制胜，破题未来格局》（*Thank You for Being Late: An Optimist's Guide to Thriving in the Age of Accelerations*）一书中阐述了这种观点。弗里德曼说，我们的教育体系已经过时：全世界有一百万人能够从事我们所做的工作，正是因为这样，我们需要致力于终身学习，掌握各种新技能，这样才能在职场中保持竞争力。虽然国家、政府、首席执行官、商业领袖和雇员们开始察觉到了发展和颠覆的速度，但我们已经滞后了。

问题在于，我们今天的技能价值是由大学教育程度决定的，而不是由你目前掌握的知识和能力决定的。在美国，拥有大学学位的人比以往任何时候都多。今天，33.4%的美国人获得了学士学位或更高的学位，而1940年的时候，获得学士学位的人的比例只达到4.6%。

然而，如果有人进入大学，度过了三年大学时光，却没有拿到四年制学位，没有学位证书就相当于什么也没学到。即使他们完成了四年的学业，那又能说明什么呢？获得学士学位是否代表一个人在整个工作生涯中获得了所有一般技能和专业技能？回想一下大卫和一个女人的对话，这个女人比现在大学生的年龄大30岁。当大卫问她，"告诉我关于你的教育背景"时，她认为自己没有接受过教育，因为她没有获得正式的学位。这就是一种"歪曲"。

事实是，不管有没有学位，今天的许多员工都在不断地获得技能和知识。此外，他们迫切渴望认证自己的技能。例如，团队建设平台TeamFit关于技能和专业知识的调查显示，员工希望投入时间和精力来厘清自己的技能和职业潜力。调查还显示，高级领导和经理们希望了解员工的技能，不仅做到因材施用，更重要的是人尽其才，在公司遇到行业危机的时候力挽狂澜，救公司于水火。

培养国家所需技能

如果能够从宏观基础上理解专业技能经济，那么你所在国家的技能、你所在行业的技能、你所在公司的技能，你个人拥有的技能，都是未来的"财富"。技能创前程项目（SkillsFuture Program）是国家层面率先强调技能价值的一个典型案例。2015年，新加坡政府启动该项目，旨在为公民提供技能培训的机会。该项目的使命是打造丰富的人才库，最大化满足技能需求，提供一个平台，用户可以在这个平台上发展和展示自己的专业技能。雇主、协会和专业人员展开合作，政府既是教育资源的提供方，也是帮助新技术工人找到技能匹配岗位的中介方。

该项目还涉及能源部门、工程和软件开发、航空航天、食品服务、金融，以及许多其他技术领域的职业和技能发展项目。这些技能的发展和提高是增强劳动力流动性的秘密武器。2017年，新加坡有超过28.5万人从这个培训项目中获益。

公司培养相关技能

传统意义上的首席执行官通常会过多地关注公司的盈亏。然而，现在他们意识到人才和教育对公司整体业务战略的影响，也越来越注重人才和教育。最近一次由《财富》杂志为首席执行官举办的关于企业品牌建设的活动中，两个重点主题分别是"缩小技能差距：释放员工发展的潜能"和"首席执行官的新使命：企业文化如何推动创新并加速企业获得成功"。

商业领袖们正在接受这样一种观点，对于他们的公司来说，基于技能的商业战略至关重要，文化是战略的一部分。目前的趋势是：最有远见的首席执行官正在优先考虑学习，把学习作为公司战略的一部分。他们公开呼吁学习和教育对劳动力的重要性，特别是对他们员工的重要性。这是招聘和留住顶尖人才的独到之处。

那么，为公司和员工培养相关技能，公司首席执行官如何完成这一重大任务呢？SAP公司首席执行官比尔·麦克德莫特（Bill McDermott）认为，无论是成熟的劳动力，还是初涉职场的大学毕业生，都应该坚持"活到老，学到老"的理念。从根本上说，麦克德莫特认为年龄无关紧要，年龄不是你培养新技能和进行学习的绊脚石。

麦克德莫特回忆起他从日本首相那里听到的一个故事，一位 81 岁的老妇人在疗养院开发了一个软件应用程序，这个应用程序运营得非常好，她由此开启了自己的事业。麦克德莫特认为，"重新学习、再培训并让自己专注于新的事物，永远不会太晚"。他将这一信念应用到 SAP 的员工身上，他们中许多人自公司成立以来就一直在SAP工作，是最忠诚的员工。他说，即使你是刚毕业的大学生，技术或IT技能也不是最重要的。麦克德莫特认为，软技能和情商更重要。"你需要的是同理心。最强领导力就是一直有为他人服务的想法。"SAP招聘新人才时，会首选热爱学习和有责任心的人，然后再考虑准员工的硬技能与工作机会的匹配。

麦克德莫特坚持培养他的SAP员工，"我们开办了一所学院。我们雇用自己的员工，培养自己的员工，塑造自己的员工。"麦克德莫特的领导力突出体现在帮助员工培养技能方面。大多数公司的培训一直是第一个被削减的预算项目。但在SAP，麦克德莫特表示，"没有哪个经理能够削减公司培训项目的预算，因为我们认为教育才最关键"。对于员工来讲，听到他们的首席执行官这样说，这不仅鼓舞人心，也使他们认定首席执行官是一个变革型领导。

波音公司也肯在员工学习上下功夫。他们推行了一种有趣的措施，实际上，他们从全球员工那里收集了40000多个想法。他们的员工说，他们想全面学习公司所需的知识和技能，每个级别的人都需要为未来培养技能。

波音公司高级副总裁海蒂·卡波齐（Heidi Capozzi）说："我们听取并查阅了收集的所有想法。我们的长期计划彰显着对我们员工未来和未来技术劳动力的重视。"波音将专注于以下项目：帮助员工成长、建立技术技能、了解行业趋势、学习新工具和技术。

波音公司计划推出多种多样的员工发展计划，并与Degreed合作提供在线学习和教育、认证课程和学位课程。作为波音的员工成长战略的推动之一，他们将首先推行专注数字扫盲的项目。波音公司提供的教育和职业发展项目数量惊人，包括实习、训练营、轮岗计划、正式辅导和领导力培训——提供的这些项目已经超过了1亿美元的投资。

如果你认为专注于培养员工技能的公司战略只适用于科技公司的首席执行官，那你就错了。德鲁·格林布拉特（Drew Greenblatt）是制造公司马林钢丝产品公司（Marlin Steel Wire Products）的首席执行官。多年来，他一直深信技能培训的重要性，他让尽可能多的员工接受众多的交叉技能培训。这样，无论世界的风云变幻，他的公司都能够灵活应对行业变化和外界变化，一直立于不败之地。他的公司从一家为百吉饼零售商生产金属筐的公司快速成长为专业精密金属制品制造商，丰田等汽车公司和BAE等跨国国防承包商都订购他公司的产品。

格林布拉特对一线员工的技能进行了大量投资，为他们提供工具、培训，激励他们，帮助他们过上富裕的中产阶级生活。格林布拉特从不打价格战，也不会降低工资、减少福利，而是重视他的员工、投资他们的技能、激发他们，然后根据他们学到的新技能和技能的熟练程度对他们进行有偿奖励。作为回报，他收获了员工的忠诚，员工正在学习如何操作智能路由器、印刷机和机器人（接管一些自动化任务）。

格林布拉特走在时代的前面，他早已先行了许多年，而有些人刚刚开始思考人类劳动力和机器如何共存。格林布拉特投资于员工这一高瞻远瞩的做法并不新鲜。最近采访格林布拉特的史蒂文·皮尔斯坦（Steven Pearlstein）说，格林布拉特遵循的原则来自几十年前出版的商业书籍。但是，由于某些原因，许多公司已经忘记了这些重要的商业管理原则。格林布拉特的理念是："他们好，我们就好；我们好，他们就好。这是相辅相成的。"

专注于技能和优化技能的员工

当然，不是每个人都需要从大公司获得他们急需的技能。以米克尔·布莱克（Mikel Blake）为例。布莱克在美国犹他州一个文化氛围浓厚的环境中长大。2006年，她从杨百翰大学毕业，获得了国际关系学学位。她遇到了她的丈夫，Degreed平台的联合创始人大卫，他们步入了婚姻的殿堂。当布莱克在参加法学院入学考试（LSAT）时，大卫在全国各地的咨询公司参加面试。大卫在达拉斯找到了一份管理咨询的工作。于是，布莱克决定暂时搁置自己当律师的雄心壮志，生完第一个孩子后，选择留在家里当家庭主妇。

几年以后，一个全新的机会出现，大卫带全家回到犹他州，他们的新家与杨百翰大学近在咫尺。暑假期间，布莱克听从内心深处职业的呼唤，决定旁听一门计算机科学课程。杨百翰大学的一位教授同意让她跟读一学期。这次能够重回校园，燃起了布莱克对学习的热情。她很享受这段学习经历，一丝不苟地完成了所有的任务和作业，但没有进一步深造。后来，她和大卫带着两个年幼的孩子搬到了旧金山。

在杨百翰大学获得学位近10年后，布莱克意识到她想照顾家庭，但她也想追求事业——她想工作，充分发挥她的职业潜力。但这意味着什么呢？报考法学院、计算机科学吗？还是找份兼职工作忙个不停？经过反复的思想挣扎之后，布莱克意识到她内心深处想要的是事业。然而，在职业人和全职妈妈之间，她感到很矛盾。深思熟虑以后，她终于认识到，追求自己的理想，找到一个能带来充实感的职业，对她的家人也有好处。

2012年，布莱克发现了一个在线的、交互式的教育平台（Codecademy）提供免费的在线教程和课程。通过这个平台，她能够在孩子们上床睡觉以后学习交互式编码。生下第三个孩子后，她停止了一年的编程学习。当她准备重新开始的时候，她觉得，有限的时间里，她已经尽了自己最大的努力，她再一次上网寻找新的灵感。她遇到了一个总部位于旧金山的名为"妈妈编码"（MotherCoders）的组织，该组织的使命是"帮助有孩子的女性进入科技行业，让她们能在数字经济中有所建树"。这个项目帮助布莱克打开了科技之门，拓宽了选择之路。当她完成这个项目以后，她感觉自己充满了力量，于是她继续前行。

后来，布莱克参加了一个名为"德夫山"（Dev Mountain）的全职开发训练营。在三个学期的全日制学习期间，她学习了软件开发课程，为她之后在科技公司的编程工作打下了基础。然而，这门课程并不能保证学员毕业后都能找到工作。毕竟，那只是三个月的时间而已；布莱克不仅要和训练营的伙伴们竞争，还要和那些揣着四年制计算机科学学位的人竞争。

布莱克完成了职场新兵训练营的学习后，她先实习了一年，为公司项目编码，她在这一年中积累了宝贵的实习经验。在师傅的帮助下，在各种各样的项目实践中，她找到了自己在软件开发领域的真正兴趣点。实习结束后不久，她转为合同工，成为一名全职网页开发工程师。

布莱克的职业生涯是鼓舞人心的。她另辟蹊径，最终选择了一条非传统的道路。为了发展她的专业技能，她断断续续做了很多准备工作，才开启了职业生涯，成为一名网页开发工程师。通过多年的学习，布莱克发现她可以兼顾事业和家庭。她也被奉为自主学习同时发展事业的杰出榜样。

雇佣惯例：从传统招聘到以技能为主

无论是像新加坡这样为公民培养技能，还是像波音、SAP公司这样帮助员工重新学习新兴技能，还是米克尔·布莱克这样自主学习新技能，由于没有度量标准语言，把技能等同于硬通货来看待，是不容易的。

这是因为传统的雇佣惯例并不认为技能是招聘和培养内外部人才的关键因素。

假设你正在为公司内部一个岗位公开招聘，你将会用什么参数决定是否聘用候选人？你可能只是根据一个人的资格来决定。假设你现在有一大批的候选人，你如何将应聘范围缩小到几个人，又如何决定最终录用哪一个人？

很有可能，你运用技术根据特定关键词和特定短语筛选简历、求职信或领英档案，这些工具的功能就是筛选网上的岗位申请书。在最初的网上筛选之后，剩下几十份申请，这些申请可能会传给内部团队或人员审核，从中挑选出几个申请人进入筛选面试，这个过程会把范围缩小到3~4个人。然后，一到两名候选人进入终选，经过层层面试，最后才能发出录用通知。

当我们在公司内外部招聘员工时，我们应该考虑的问题是：这个人能胜任吗？换句话说，我们应该从技能水平的角度来评估一个人的能力，而不是把就读名校、工作经历与个人能力混为一谈。技能是我们能做的事情，掌握意味着我们能做到多好。她能用Python编程吗？他能批判性地思考吗？她能做汇报吗？他能分析吗？如果可以，效果如何？我们要求别人做的每一项工作都是这个人技能的"和盘托出"。技能是工作的基石，也是公司的基石。当我们甄选公司内外部人才时，我们最应该关注的，是他们拥有的技能以及他们对这些技能的掌握程度。

令人遗憾的是，在劳动力市场，我们往往倾向于关注这些技能的"代名词"：

- **职称**。使用职称作为专业技能的标志的问题在于，它们并不是一概而论的。职称本身的含义因公司、行业或地区的不同而有很大差异。考虑职称时，想一下你认为一个董事拥有而经理没有的技能。那些假设正确吗？

- **正牌大学**。诚然，一个大学毕业生往往能自带光环——智慧，也许是一套特定的价值观、一种信仰的传承。它还代表一个人曾经接受了何种训练。但是，招聘不能基于一个人的毕业学校做出选择。总的来讲，这些并不能突显候选人目前的技能组合。

- **简历上的标志**。"哇，这个人在谷歌工作，他一定很了不起！"嗯，或许是，也许不是。简历上的标志并不能说明人们能做什么、能做得有多好。

- **推荐信**。品行推荐很不错，但重要的是不要把正面推荐和技能混为一谈。提及求职者的职业道德或不良习惯时，推荐信可能很有用，但它并不是证明求职者的财务分析技能或批判性思维能力的最佳方式。

- **面试技巧**。虽然面试是招聘过程中必不可少的环节，但它并不能告诉你关于应聘者的一切。例如，有些人面试发挥得很好，但一旦工作起来他们就力不从心了。不要把人情故和工作能力混为一谈。

- **GPA /SAT/ACT**。信不信由你，一些公司仍然用GPA或者标准化考试的分数作为职业专长或潜力的判定标准。这些分数从来都不能代表专业技能，因此它们也不能代表我们所关注的技能的度量范畴。换句话说，仅因为你在考试中取得了好成绩并不意味着你就能胜任一项工作。

要解决当前经济形势下的劳动力市场问题，我们必须学会用技能说话，而不是一味关注毕业学校、原工作单位、学习的时间、应试能力、面试技巧或其他事情。用技能说话的第一步，是把你所在的公司当成劳动力市场。

公司是劳动力市场

虽然你的公司只占整个劳动力市场的一小部分，但它也是劳动力市场的一个缩影。你的人才储备池有空缺职位急需填补，你需要招聘、解雇、提升、分析和评估你的人才。劳动力市场由供给侧和需求侧组成：供给侧由劳动力和准劳动力组成，包括高等教育机构、专业协会、培训项目、职场新手训练营等；需求侧是帮助你实现组织目标的工作，除了公司之外，还有为劳动力提供机会的经纪人、职业介绍所、猎头公司和显要人物。

公司内部是一个完全垂直一体化的劳动力市场，这是公司的优势——实施全过程管理——在一定程度上能够提高效率，放眼整个劳动力市场，这是很难达到的。

如果方法得当，提高你公司的劳动力市场的效益，是肉眼可见的。想象一下，如果你现在对公司里每位员工所具备的技能都了如指掌，你将会如何开展自己的业务，取得怎样的成效？调动资源来解决问题有多迅速？谁是最适合加入创新特遣部队的人？你的组织应该在哪些方面建立应对差距的技能？谁是副总裁的最佳人选？新经理的管理情况如何？如果你确定是根据技能而不是简历上的标识来招聘，你能在多大程度上降低招聘成本？你能在多大程度上提高员工留职率？而且，你的公司对待技能评估的重视程度如何？

用技能说话，在行动之前，有三个简单的问题指南：

- 我们有什么技能？

- 我们需要什么技能？

- 如果我们对这些信息了如指掌，我们能做些什么呢？

如果你不能回答这些问题，那么你的内部劳动力市场运作就难以顺畅，而只能依赖于刻板的技能代号。

技能是一种硬通货

与其他市场一样，劳动力市场的交易方式也是如此，使用货币来交换相对价值，以提高市场效率。如果技能是劳动力市场的价值单位，那么专业证书就是货币。这就是问题所在。当今市场上，学业证书和专业证书种类繁多，在市场上根本无法畅通地进行"交易"。

市场上充斥着各种各样的证书：协会的专业认证（如CPA、PMI、CAN）、微学位证书、纳米学位证书、公司特定证书、开放徽章，当然还有传统的大学学位。

这些凭证的问题是它们不能一概而论。有些代表着课程的完成情况，有些代表知识，有些代表的是花在做某事上的时间，而有些则毫无意义。但是，如果你正在招聘或提拔，候选人中一个拥有微软的MSCE认证，一个是获得惠普的ASE2级架构师（存储解决方案）开放勋章的硕士，你如何权衡？或者拥有在线课程颁发的纳米学位也很重要？这些代表什么技能？它们到底代表了技能还是知识？

目前，从技能的角度来考量人才的公司并不多，大多数公司还是看重正式的学位。这些公司都需要挖掘更好的方式让员工展示他们掌握的技能。

我们需要的是用简单的货币来衡量各种级别的各种技能，为员工、经理和招聘人员提供一种通用的技能交流语言。

学位+证书+作品集

当涉及学位和证书时，这不是一个非此即彼的命题。两者都是有价值的，但前提是你能鉴别它们代表的技能，并懂得其中的含金量。萨尔曼·可汗认为，学习证书的性价比远远超过传统学位，尤其是，相比较而言，常春藤联盟学校的学费如此之高。可汗说："一个学生现在花20万美元获得学位，你怎么评判呢？大学也许会通过他们的教学质量或者优美的校园环境来计算成本，但是他们不会谈论学习经验，学生们可能会争辩说花费20万美元和四年人生光阴，最后获得了学位证书。当大量的钱转手，肯定会有一些断裂，买主购买的和卖主出售的，变成了两种不同的东西。"

如果你能接受哈佛的教育和哈佛大学的学位，但两者不可兼得，你会选哪个？

可汗认为，传统正规教育的一个普遍问题是，它并不能确切地向雇主展示你的真实水准。传统的简历在一定程度上展现了你的学习经历。但有些可能是虚构的，或者是夸大的。这就是为什么可汗学院正集中精力要求他们的学员创建他们能力范围内的各种技能的"文件夹"。这些"文件夹"里包括参与者发表演讲的视频、主持项目的视频、同行评议或教练顾问的鉴定意见。这种整体分析是挖掘大学和雇主当前需求的关键。正如可汗所说："如今的大学和雇主关心的是求职者的作品集，关心其他人对求职者的评价，并对精通相关内容有一定的要求。他们也关心'人情世故'，如果你在待人接物方面懂得人情世故，也是加分项。"

技能让群体智慧发挥更大的能量

如果技能是你的组织潜力的基石，那么思考一下：

- 如果你对这些技能如数家珍，你可以从中获取的价值；

- 你如何应用所有的集体知识；

- 你们公司真正具有的潜力；

- 你的公司会有多高效。

例如，贾尼斯（Janice）在一家软件公司的产品开发部门工作了近10年，她在这个岗位上积累了丰富的产品设计经验。她经常有机会参加重要的商务会议，与潜在客户讨论产品的细节，制定产品线路图。然而，当公司销售部门内部职位空缺时，却被公司外部的候选人填补了。贾尼斯到人力资源部去表达她的不满，因为她没有得到这个职位，甚至没有面试机会。

她表达了自己希望进入除产品设计之外的其他业务的愿望，并表示她非常在意这次进入销售部门的机会，尤其是她已经在销售团队中拥有良好声誉。

如果这种情况在贾尼斯身上再发生几次，结果可想而知。最终，她将离开公司，去寻找一个更适合她理想职业道路的工作机会。

与其失去像贾妮斯这样有价值的员工，不如考虑以下替代方案：想象一下，发布一份工作岗位公告，然后起草一份报告，仅根据他们的技能与职位空缺的匹配程度，就能看到谁是最有资格的候选人。在看到报告后，你主动与经理交谈，让他们知道团队中有一个人可能是合适的人选——然后在内部运行招聘流程。

然后，你通过面试来了解候选人的使命、愿景和个人价值观，你也可以利用这个机会，根据技能验证报告测评团队的契合度。来自财务、市场、运营、销售和产品等部门的候选人都被面试以后，最终你确定了市场部门的一名员工，她的经历和思想与销售团队最为契合，能够给销售团队带来新的活力。由于候选人已经掌握了公司的全部历史和背景，她能立即开展工作。公司内部其他落选人也有目共睹，公司现在希望从内部招聘具有特定技能的高绩效员工——这能激励他们提高工作绩效，掌握更多技能。

公司里的每个人都有自己的独门秘籍，精通程度也有差异。总的来说，你的公司也拥有一个独特的技能基因组。在你测量这些技能之前，它们只不过是无形资产，无法在全球范围内进行管理、部署、发展、利用、改进、调整、创新或竞争。

技能的衡量

所有的组织都需要设置标准，通盘考虑绘制全景图，来展示他们是如何度量和增强特定技能的。例如，考虑一个客户端引擎专家的角色，可以有以下问题：一个成功的客户端引擎专家的标志是什么？这个职位需要什么样的技能，需要精通到什么程度？通过将工作角色映射到技能的方式，有无数的分类标准和工具帮助组织找到这些问题的答案。事实上，基于实时更新的劳动力市场数据和就业数据，越来越多的公司采用人工智能、机器学习技术、关系数据库给出的建议。

按照卢米娜基金会（Lumina Foundation）的说法，"科技的影响以及机器人和人工智能是否会取代人类，已经引起了人们的广泛关注。技术变革将创造新的机会，我们需要建立新的认证系统，捕捉和验证各种学习形式，但是抢抓先机的人寥寥可数"。他们认为验证学习的形式越来越多样，这就是他们的目标。

对于已鉴定的角色技能，许多公司还设定了精通等级。卢米娜基金会的"连接认证"（Connecting Credentials）是一个通用的八级分类标准，作为制定标准和衡量掌握程度的有用方法，这个分类标准适用于任何技能和服务。一旦设定了这些标准，你就可以针对工作力度进行训练和衡量。

泰勒斯国际（Telus International），一家全球性的电信公司，正在使用卢米娜标准考量公司300名员工参加Degreed 平台培训项目后掌握的具体工作技能。项目包括几种学习形式的整合、基于项目的学习、反馈会议，衡量和认证技能，是每个人的必经之路。

这个过程的好处是双重的：个人获得技能证书，而公司更好地了解培训项目的有效性和团队所获得的技能，然后将这些结果与工作角色进行匹配，以"了解每个人在多大程度上符合业务的需求和期望"。随着项目的推进，组织将能够动态实时衡量技能的发展，这就产生了一个丰富的数据集，为公司内部提供了一个无与伦比的技能图谱。

越来越多的像泰勒斯国际这样的公司认识到，在定义工作成功时，员工技能发展和设计合理的评估方法发挥着巨大的作用。

技能商数（SQ）

一旦这些技能得以衡量，你就可以开始利用这些信息在公司里创造新的活力。我们建议使用一个新的标准，我们称之为技能商数，或简称技商。技商是你拥有的技能除以你需要的技能（然后乘以100）。下面是计算技商的方法：

- 选择一个你心仪的职位；

- 确定该职位所需的重要技能；

- 确定该职位所需的这些技能水平；

- 将该职位所需的这些技能水平加起来；

- 衡量你自己在这些技能上的水平；

- 把你在这些技能上的水平加起来；

- 用你拥有的技能水平总和除以你需要的技能水平和，再乘以100。

例如，假设你是一家软件公司的技术文档撰写人。该公司为你列出了9项关键技能，每一项都有一个目标精通水平（我们将使用卢米娜基金会的八级水平），如表8-1所示。

表8-1 卢米娜基金会的八级标准

技能	目标掌握的技能水平	实际鉴定的技能水平
商务沟通	5	4
研究	3	3
时间管理	4	3
软件测试	3	4
写作	7	6
项目管理	3	2
编辑	5	4
计算机技能	6	4
沟通技能	5	6（目标水平上限=5）
总得分	41	35

在这个例子中，你在公司的技术文档撰写人职位的技商是85分，这个数字是用你实际的技能水平（35分）除以你的目标技能水平（41分）然后乘以100计算出来的。你会注意到，例子中"沟通技巧"一栏中的备注，说明你的实际技能水平超过了你的目标技能水平。在这些例子中，存在超过目标技能的情况，但一般情况下不会超过。

　　技商100分意味着工作所需的技能和你已经掌握的技能之间完美匹配。当然，如果你的分数为0，就意味着你不具备某项工作所需的任何技能。然而，值得一提的是，技商总是与情境相关。例如，你可能对微生物学家的技商为0分，因为你可能没有微生物学家所需的技能，但这并不意味着你没有任何技能。你的技能水平在很大程度上取决于你所应用的环境。你不会想要依赖那些用不上的技能——只要问问那些开出租车或开酒吧的博士们，或者那些因为自动化而失业的打工族们。

　　技商的目的是双向的：首先，衡量一个人能力强不强，要看他能发挥多少潜力，也就是说，衡量一个人的能力，要比较大量工人完成工作的整体能力；其次，发出组织内潜在挑战和机会的信号。这个信号，表明你准备好将你的技能运用到公司近期的计划或项目上。100分意味着你已经准备好了；如果你的得分是120分，意味着你掌握了很多的技能，组织尚未发掘；如果是50分，那就意味着你的能力严重不足，无法满足岗位要求。

　　技商的第二个目的是作为衡量员工敬业度和挫败感的主要指标。例如，如果你所处职位要求掌握一定精通程度的八项技能，而你又恰好掌握了这八项技能（技商为100分），那么你全心投入工作的概率有多大？或者反过来说，如果你从事的工作需要这些技能，但你只精通其中的两项（比如技商为35分），那该怎么办？你可能会感到沮丧、挫败，最终辞职或被解雇。人们想要成长，想要挑战，但是，如果他们想要努力学习，他们需要在扎实的基础上努力，同时也需要在一定的情境之下把握正确的方向。因此，虽然100分在短期内可能听起来对公司有利，但它也意味着个人成长能力的缺乏，这将不利于公司的中长期发展。

相反，组织应该以需求和能力之间的平衡为目标，这里的需求指的是公司对"板凳深度"（bench strength）的需求，能力指的是实现业务目标和员工个人成长机会。对大多数公司来说，70~85分范围的技商是创造平衡和紧张感的理想状态。这一分数为员工在工作中取得成功提供了足够的空间，同时也为个人、团队、部门、公司层面的发展提供了机会。换句话说，这个技商范围使你的组织能够燃烧"橙色热"——有足够的热情去努力和挑战，但不会太热而让人筋疲力尽，也不会太冷而让人失去动力。

同样值得注意的是，技商作为一种操作功能，对业务技能有一定的用处。技商能够回答的问题有：你有什么技能？你缺乏什么技能？根据你的技能，给出业务决策所需的数据。技商可以用来衡量：

- 劳动市场；

- 行业；

- 公司；

- 部门；

- 个人。

这在以前是不可能的，但在今天的知识经济时代，还有什么比这更强大的呢？

如何使用技商

本节包含几个假设的案例，研究公司如何在实践中使用技商帮助人们了解他们拥有的技能，以及他们需要的技能。

求职

一位技能丰富的零售业经理所在的公司迫于大型在线零售商的竞争压力濒临倒闭，他不得不另谋出路。整个行业都在萎缩，根本就没有多余的管理岗位空缺。这位经理找到一家职业介绍所，对自己过去27年里培养的技能进行了全面的评估。接着，该机构根据一个庞大的开放职位数据库计算出他的技商，然后建议这位经理申请技能商数高于70分、起薪最高的职位。

招聘

一家太阳能公司需要在几个州雇用200名太阳能安装工人，但它有非常多的应用程序。由于这是一家有远见的公司，他们不想把没有大学学位的人排除在外，但仍然需要筛选出最适合这个职位的人。为了找到最合适的候选人，他们将每个应用程序都指向一个技能评估门户，该门户根据太阳能安装岗位所需的技能来衡量他们的技能水平。该公司为每位应聘者测定技能商数，并面试那些技能商数最高的人。由于所有申请人的评估结果都被记录在一份终身的成绩单中，所以即使那些没有得到这份工作的人也可以用技能证明来帮助他们另谋职位。

内部招聘

在一家有着150年历史的传统科技公司，一位经验丰富的销售副总裁决定退休，却没有明确继任计划。然而，该销售组织近期对员工技能进行了全面"盘存"，作为他们年度发展工作的重要内容，每个员工都根据一套相关技能对自己进行评估。作为第一道关，公司计算了每名员工自我报告技能与销售副总裁之间的技能商数。那些最重要的技能排名最高的人，还要经过严格的"技能认证"过程，以验证他们的自我评估是真实和公正的。这些资质非凡的人中的一个被选中填补副总裁的空缺，其余的人则有明确的发展方向，为下一个重大机遇做好准备。

合同转让

大型咨询公司需要更好的方式来甄选有能力签约开口合同的员工。由于这是他们的核心业务，公司已经对员工的技能进行了评估。员工自愿发展高需求技能，获得丰厚的激励奖金。为了改进合同转让流程，公司将每个合同视为一个角色，与相关人员一起确定该角色所需的技能类型和技能级别，然后计算所有可用员工的技能商数，寻找接近100的值，最大限度地满足客户需求。

晋升名单

一家跨国产品制造商非常注重优秀员工的晋升，尽其所能确保每一位有潜力的员工都有机会在公司的大家庭中成长。所有的优秀员工都经过技能评估，公司定期更新他们的工作动态，并为每一位优秀员工计算技商。任何技商超过90分的员工都会被打上标记，立即复核。为什么？因为如果在公司内部得不到发展机会，这些表现优异的员工可能会另谋出路。

再培训计划

一家大型的全球咨询公司看准数据科学的新兴趋势，他们需要能够提供数据科学服务并且胜任的专业人才。然而，即便如此，也没有招揽到足够多的数据科学家来满足客户的需求。因为签订聘用合同时，公司需要知道他们的员工拥有什么样的技能。他们有一个完整的入职技能清单，跟踪测量技能是他们人才发展计划的重要组成部分。有了这些数据，公司就可以根据数据科学家的角色来测量每位员工的技能商数，迅速确定填补这个岗位的培养对象。

导师制项目

硅谷的一家社交媒体公司推行松散的矩阵组织模式，决定在公司范围内推广导师制度。对每名员工，公司辨识出他们当前的技能水平与岗位要求的技能水平之间的差距。然后甄选出技能水平较高的三个人担任导师。相对该角色的技能要求，他们的实际技能水平明显过剩。然后，这些导师会亲自面试徒弟，看谁最适合自己的个性。徒弟们进步迅速，导师们会获得满足感，因为他们的某些技能可能之前并未得到充分利用，现在却可以用来帮助他人。

技能量表

一家软件科技巨头想确定哪种技能培训对员工最有帮助。作为公司计划的一部分，公司要求在职员工认证他们最强的五项技能和评估他们当前的技能水平。另外，公司的经理负责明确每个岗位所需的技能和技能水平，这样就收集了每个职位的技能信息。有了这些参考信息，公司将员工具备的技能加起来，并将其除以组织中每个岗位所需的技能，得到公司的技商。然后用100减去这些技商，再乘以需要每种技能的人数。

把"最好"和"最差"的结果写下来，员工需要加强学习的专业技能很快就一目了然了。然后，该公司在一个大型"内容聚合器"中搜索这些技能，根据最需要改进的技能水平进行筛选，找到能满足大部分需求的高质量内容。对于剩下的需求，公司安排内部学习的设计专家和学科专家来编写完全符合公司业务需求的定制内容。

培训评估

在线市场执行团队将质量管理作为2020年的首要发展计划。为了改善面貌，他们决定，每位经理都将接受几次大强度训练计划，并进行全年跟踪。年初，随机抽取的经理人样本会经过严格的评估过程，衡量他们在五项关键管理技能上的水平。到了年底，经理人会重复这个过程，运用他们所学到的技能。该公司计算了他们在年初和年底的平均技商，结果显示，培训计划对公司整体管理质量提升有显著的影响。

学位计划

一所著名的工科院校确定了一套技能和技能水平鉴定大纲，他们希望所有的供应链管理硕士毕业生都能达标。为了实现这一目标，所有的毕业生在最后一个学期都要通过严格的技能测试。与预期水平相比，那些实际水平太低的技能会得到更多关注，相关的项目被整合到几个核心课程中。随着时间的变化，大纲要求不断提高，学校根据相应的目标技能集计算每个毕业生的技商。

小结

让专业技能在知识经济中发挥作用，正得到各方（大学、公司和个人）的更多关注。我们都希望有一种方式能够展示我们所知道的和我们能做到的。常用的技能语言帮助我们有效沟通，这样招聘者能够更准确地筛选候选人，经理能够雇用到合适的人才，领导者能够因材施用、人尽其才，如此，每个人都有属于自己的职业发展机会。

结 语

未来已来

想象一下，人们生活在一个这样的世界里，工作的意义不仅是养家糊口，更是因为喜欢和热爱。那时，我们的世界物资充沛，生产高效，所有的工作只是兴趣的产物，所有生活必需品以及幸福感都唾手可得，因为世界是如此丰富多产。虽然这听起来像科幻小说，但艾伦·沃尔顿（Alan Walton）相信，机器的日益精密与复杂最终会将这一愿景变成现实。

沃尔顿是一位资深的数据科学家，他发明并协助建立了一个人机混合系统，可以测量任何领域、任何专业水平的技能。他热爱学习并渴望提升自己的技能，在过去的几年里，他一直专注于数据科学和机器学习，然后他开始接触深度学习这一领域。深度学习是机器学习的一个分支，基于人工神经网络的研究，主要包括一些比较复杂的神经网络的研究：深层神经网络、深信度网络、递归神经网络。这些神经网络主要服务于语音识别、自然语言处理、图像识别、音频识别和计算机视觉等领域。沃尔顿正在潜心研究深度学习，来预测未来100年的劳动力变化。

沃尔顿强调："我们需要计算机实现更多现在只有人类才能完成的事情。那么如何让计算机达到这样的程度呢？我们需要工具，深度学习就是这件工具，它极大地扩展了计算机的功能。"

当深度学习应用于现实世界时，它产生了极大的威力。当你发布图片时，深度学习为脸书的图像识别技术提供了强大的支持，谷歌的翻译技术几乎可以像人类一样即时翻译100多种语言，而深度自觉的强大网络安全学习算法可以预测和检测计算机系统威胁。

谷歌的人工智能（AI）小组深度思维（DeepMind）可能是推动人工智能发展最有影响力的研究小组。2017年，一部获奖纪录片展示了深度思维小组的阿尔法围棋（AlphaGo）系统，它系统学习了中国古代复杂的"围棋（Go）"游戏，甚至击败了韩国围棋大师李世石（Lee Sedol）——世界顶尖围棋手。围棋诞生于2500年前的中国，是一种抽象的模拟战争游戏。它看似简单，实则复杂，因为在博弈过程中会产生无数种可能。人类已经花了2500年时间来掌握这个游戏，而由100多位科学家组成的深度思维团队创建了一个分布式系统，利用深度学习在短短三年内开发了阿尔法围棋并击败围棋大师。

人机对抗故事的有趣之处，在于人类情绪的作用。李世石承认自己受到"人性"的牵制。在比赛开始前，他是世界冠军，对自己将战胜机器充满信心。即使输掉了第一场比赛，他仍然相信自己可以战胜非人类的对手。然而，随着比赛进行，李世石很难预测机器下一步棋的走向；并且因为过度考虑自己的策略而紧张不安。当李世石以1∶4输掉比赛时，他情绪异常激动。他尽力保持镇静，为让大家失望而道歉。最终，他接受了被机器打败的事实。

深度思考小组的下一个技术版本叫作阿尔法元（AlphaGo Zero），这台超级计算机在无任何人类输入的条件下，通过数百万次的自我对弈学会了围棋规则。阿尔法围棋的首席研究员大卫·西尔弗（David Silver）说："它（AlphaGo Zero）比以前的算法更强大，因为它不使用人类数据或任何形式的人类专业知识。我们已经消除了人类知识的限制，它能够自己创造知识。"有了阿尔法元，计算机现在正在教人类如何玩围棋。

深度学习的发展非常快。距离IBM的计算机"深蓝"在一场国际象棋比赛中击败世界象棋冠军加里·卡斯帕罗夫（Garry Kasparov）仅仅20年，而IBM的沃森（Watson）在"危险游戏"中击败世界冠军距今也还不到8年。机器从向人类学习到谷歌的深度思考（DeepMind）超级计算机完全独立学习的快速进步，展示了令人难以置信的技术发展，一旦我们揭开"智能神话"的真面目，这种进化将会发展得更快。

智力神话

经济学家丹尼尔·苏斯金德（Daniel Susskind）是《专业的未来：技术将如何改变人类专家的工作》（*The Future of the Professions：How Technology Will Transform the Work of Human*

Experts）一书的作者，他认为，我们需要挑战所谓的"智力神话"，即挑战"机器必须复制人类思考和推理方式"的这种想法。不久前，还有人认为机器不能自动完成某些非常规的任务，而人类将继续执行这些任务。但最近的技术证明并非如此。无人驾驶汽车出现，机器准确诊断某些类型的癌症并提出相应的治疗方案，还有正如围棋比赛所展示的，计算机在复杂的"思考"挑战中击败人类。

苏斯金德说，揭开智能神话的面纱，我们可以更清晰地感受到"我们对人工智能的有限了解，以及对如何思考和推理的有限理解，远不像过去那么困难"。此外，我们不完全了解人工智能，因此，我们无法清楚地知道未来的机器能做什么。

然而，对许多人来说，思考机器未来的发展前景令人毛骨悚然。毕竟，一想到机器未来将接管的职业——老师、医生和司机均有可能被机器取代时，让人"细思极恐"。但我们不应该将机器视为一种威胁。当人类的智慧随着机器和技术的发展而增强时，我们就能两全其美。这不一定是非此即彼的。

世界著名的国际象棋冠军加里·卡斯帕罗夫在1997年输给了一台机器，就是很好的案例。从他输掉那场比赛之后，他对人类和机器之间的关系进行了深刻的思考。卡斯帕罗夫说："机器的胜利其实也是人类的胜利——但是当人类被自己的创作超越时，我们往往会忘记这一点。"

换句话说，鉴于人类首先创造了机器，我们应该庆祝机器达成的成就。卡斯帕罗夫认为最重要的是"人类和这些机器一同工作和生活的感受"。

机器更加客观，不仅能进行计算，还能更好地接受指令，而人类则有更强的理解力，更具有目标性以及激情。与此同时，计算机也无法表达同情心、同理心，以及人类基本生存、建立关系、创建社区等重要的深层情感。因此将人类和机器智能结合在一起时，能够创造不可思议的惊喜。

像沃尔顿一样，卡斯帕罗夫相信"我们将借助新型的智能机器来实现我们最伟大的梦想"。机器和技术将为我们的工作和生活提供新的选择。未来，学习将继续发挥巨大作用。

尚未出现的职业

当我们想到劳动、工作和职业时，很难预测世界的未来究竟是怎样的。十多年前，苹果公司的iPhone问世，以我们无法想象的方式改变了我们的生活。今天，我们大多数人依靠口袋里的手机和计算机"存活"。相继地，就业市场也发生了重大变化。像无人驾驶汽车工程师和YouTube内容创造者之类的工作在10年前还尚不存在。现在不满5岁的孩子，他们中65%的人可能将会从事现在尚未出现的工作。

所以，当我们考虑未来的技能时，很难准确预测人们的需求。正因为如此，我们不必过多考虑传统职业观所认为的工作角色或者岗位描述，而应该更多地关注解决全球最紧缺的技能。这就是学习和不断培养技能依旧如此重要的原因，也是为什么员工需要成为敏捷性学习者的原因，他们需要跟上世界新事物和技术进步的速度，并做好准备。在专业技能经济中，技能就是硬通货币，那些顶尖的公司已经瞄准先机并制定战略，在不确定的未来，这些公司将蓬勃发展。

面向未来的技能

即使人工智能和机器学习处于蓬勃发展之态，仍有一些对未来有价值的技能和知识值得我们继续学习。伦敦经济学院教授、《百岁人生：长寿时代的生活和工作》（ *The 100-Year Life: Living and Working in an Age of Longevity* ）一书的合著者安德鲁·斯科特（Andrew Scott）指出了教育和学习可以支持未来职业发展的三个关键领域：

- 鼓励不同想法和创造力的发展；

- 增强人类的技能和同理心；

- 培养思维灵活性和敏捷性。

斯科特还预测，科技将极大地影响教育行业。传统的课堂教学和教科书将被数字化、适应性强的版本所取代，许多学校已经这么做了，教学的重点在于教育者和培训者如何激发学生的积极性，引起学生的共鸣并且鼓励学生学习。我们的学习方式也会改变。学习将不再关注我们所知道的（因为通过技术获取知识变得更容易），而更关注如何将知识付诸实践。未来的硬通货将是技能的掌握和认证，而非学位。

可汗学院的创始人萨尔曼·可汗也同意上述观点。他认为，建立一个能展示我们实际能力的"文件夹"将是一个重要的区分条件："看到某个人的'文件夹'创建是令人兴奋的。'嘿，这里有一个提示，你为什么不建立这个、编写那个、执行这个、录制那个呢？当你做的时候，你会得到一些反馈和修改的机会。'你可以想象一下，你在未来10年内是否能做到这一切，而这一切对于你来说，只是时间和学习动力的问题。"

可汗学院的目标之一是吸引全球有志进取的人，让他们有可能接受他们原本可望而不可即的教育。可汗解释道："可汗学院有一些难民，但他们的积极性非常高，他们差不多3年内能从幼儿园水平晋升到12级水平，结业后成为一名合格的工程师。"换句话说，一个拥有高度进取心的人现在能够接受教育，并获得以前在资金和地域限制下无法想象的就业机会。

可汗坚信，可汗学院的平台可以激励人们，因为"任何真正想学点东西的人都可以从任意级别开始，得到解答，获得实践，熟悉'游戏'规则——他们将能够学习任何他们想要学的东西。他们将向世界证明自己的实力——这一证明与机遇息息相关。这太令人兴奋了！"

技能与零工经济

斯科特在《百岁人生：长寿时代的生活和工作》一书中指出，未来，将个人与想购买个人技能的公司联系起来的技术，将变得越来越全球化，越来越便宜和先进。这些连接平台正在涌现，也使得有关"零工经济"（Gig Economy）和"共享经济"（Sharing Economy）的话题越来越多。所以看到现在市场上出售任何技能都无须大惊小怪。

为了验证斯科特的观点，凯利出差时，她用爱彼迎预约住宿，用优步获得她在欧洲出行的所有交通工具，用来福车（Lyft）保障她在美国的出行，用Rover网站为她的宠物购买看护服务。更为方便的是，在Rover服务的员工同时也担任来福车司机。作为一名独立工作者，她能够选择自己的工作内容，灵活安排工作时间，并决定自己挣多少钱。这就是零工经济在发挥着作用。

零工经济的务工人员数量在持续增长。有些人做兼职，而有些人做全职。当人们开始思考如何营销，如何在未来的项目或短期工作中推销自己的技能时，我们在理解、思考、谈论这些技能时是否能达成共识，就变得尤为重要了。

婴儿潮一代呢？

虽然预测技术的前景一直是人们关注的焦点，但相较而言，鲜少有人关注人类的未来，尤其是婴儿潮一代的未来。职场未来派作家卡里·威利尔德（Karie Willyerd）在她的书《职场2020：创新型公司如何吸引、发展和留住未来员工》（*The 2020 Workplace: How Innovative Companies Attract, Develop, and Keep Tomorrow's Employees Today*）中预测了未来学习和工作领域的发展趋势。回顾过去，看看这些预言的结果，这是一件有趣的事情。她指出，8年前，全世界都在担心婴儿潮一代集体退休。随着经济大衰退迫使人们工作更长的时间，人们的寿命延长，一个人的职业生涯通常会持续更长的时间，婴儿潮一代的职员并不会大批量离开他们的工作岗位。他们没有做好退休的经济准备，所以劳动力中有大批的婴儿潮一代，我们没必要杞人忧天，为此做好准备或去适应可能不会发生的情况。

人们不仅需要延长工作期限，他们实际上也希望延长工作期限。许多退休员工说，他们唯一遗憾的是太早退休，退休甚至被美化了。威利尔德说："人们希望对社会做出有意义的贡献，如果不是通过他们的工作，那将是通过其他方式回馈社会。他们可能会改变工作方式，但他们计划延长工作时间。"

人们也会经历不同的人生阶段。在某一个阶段，员工也许可以"全力以赴"地投入到一项事业中。但在任何时候，个人都可能面临这样或那样的问题。威利尔德解释说："假设你的父母年事已高，或者你在第一个孩子出生后一年又添了一对双胞胎，所以你在职业阶梯上可能得爬得慢一点。但这是否意味着，如果你不能像其他人一样快速攀爬，你就必须跳出职业阶梯？你应该按照自己的节奏徐徐前行。"

通过工作寻找目标也不仅仅是年轻人的事情。在新书《伸展力：如何为未来的职场做好准备》中，威利尔德采访了6位100岁以上的人。当她和他们谈话时，谈的都是关于他们下一步要做什么。"健康人的本性如此，他们会想'好吧，我还需要做什么呢？'"

对其他人来说，他们的梦想是保住自己的工作。威利尔德说："没有人拥有工作。除非你是创办公司的企业家，否则就没有'我的工作'这回事，因为工作属于公司。"所以，如果你想保住现有的饭碗，你必须跟上工作瞬息万变的节奏。

《学习的挑战》（*Learning Challenge*）一书的作者奈杰尔·潘恩（Nigel Paine）同样认为，我们对50岁以上劳动人口的重视程度不够。"我们非常关注30岁以下的劳动人群——我们必须为他们考虑，为他们担忧，为他们搭建平台，确保他们有工作。但我们没有确保50多岁和60多岁的员工能再延续20多年的职业生涯。因为我们一直持有这样的观点，当一个人达到50岁时，他的职业生涯已经结束并且没有任何前景可言。"

公司需要做出实质性的改变。总体来说，我们的社会不重视年长的员工。潘恩提醒我们："我们延长了工作年限，但我们没有做好延长工作的心理准备。换句话说，我们期待员工可以工作到70岁，但在50岁的时候我们就抛弃他们。"年龄歧视确实存在，在未来几十年里它将成为一个更严重的问题。我们需要把这一群体视为有贡献的劳动力。他们想要并且需要工作，他们提供的专业知识来源于他们多年工作经验，而这些经验对于刚毕业几年的人来说实难获得。

年长的员工也可以成为出色的导师，与他人分享他们所知道的和可以做的事情。然而，如潘恩所说："组织正在浪费大量的人力资源，因为他们告诉老年人要放松，不要担心，做他们的本职工作就行了。"我们应该真正该说的是："嘿，这是一个新的挑战，让我们培养你，让我们一起见证职业的转变，迎接一份新工作，让我们在接下来的10到15年里继续保持动力和兴奋。"

《百岁人生：长寿时代的生活和工作》的合著者林达·格拉顿（Lynda Gratton）提出了这样一个观点："我们需要摒弃传统观念，即我们的人生是规规矩矩地由教育、事业和退休三阶段组成的。相反，我们要拥抱人生课题的多样性，人们应该终身学习，多做短休息，尝试多种工作或职业。"

联手缩小技能差距

没有一家公司、大学、个人、团体，甚至是一代人能够独立解决技能差距问题。因为各个领域都是休戚相关的，所以我们也不能孤立地看待技能问题。因此，我们需要解决大学、公司和个人所共同面对的技能、学习和教育问题。每个人都有自己的定位。这不是检修系统中任何一个就可以解决的，而在于以一种更深思熟虑的方式连通这些系统。

总的来说，这些系统聚焦的深层目标都相似——帮助解决技能差距，帮助社会提高教育程度、生产力和成功率，但很难做到。学习和教育是多方面的，有时是两极分化的、复杂的。然而，今天众多思想在孤立的环境中相互渗透，这些思想潜移默化地影响了人们在学习转型方面的想法和做法。

然而，我们能够有所突破，我们需要思考这三种力量如何与我们所有人的努力方向保持一致。我们相信，大学有自己的职责，公司有自己的竞争力，个人有实现自己的职业目标和梦想的机遇，最好的方式就是把三种力量联合起来，实施全新的学习方法。下面是我们站在大学、公司和个人的角度，对如何把技能作为专业技能经济的"硬通货"提出建议。

大学能做什么

大学的学费贵得离谱，很多学生和家长都会问："这值得上吗？"大学是否在培养学生面对未来的工作技能？大学最初设立并不是为了帮助人们找到工作，而是为了教育，为了帮助我们成为世界上更明智的公民。然而，我们从苏格拉底和柏拉图时代走向工业革命，现在进入知识和专业技能经济时代，大学不得不扮演起另一个角色。

研究表明，在当前的经济形势下，受过大学教育的人在就业方面更具有优势。根据经济政策研究所的数据，2015年大学毕业生的平均收入比高中毕业生高出56%。33%的美国人是大学毕业生，他们花了数十万美元学费找到一份更成功的工作，并在一生中创造更多的财富。随着学费上涨，学生债务也随之攀升，越来越多的大学生要求大学不仅提供理论知识，他们希望获得实践知识，帮助他们找到工作，并在工作中获得成功。

学生在大学里学习知识和在职场胜任工作之间依然存在差距。但是也有一些方法，可以将高等教育和公司的实际需求相结合，不必彻底改革或者抛弃它，让学生更容易获得就业市场的相关技能。

1. 大学应该与毕业生保持联系

大学通常以学科为基础，而不是以职业为基础。学生可以主修数学或计算机科学、市场营销或公共关系，这为他们的职业生涯奠定了坚实的基础。但他们仍然需要专业的发展。大学往往会在学生毕业时和他们道别，通常情况下，只有校友团体的参与或捐款才能联系上他们。但学生对教育的接受不会在他们毕业时结束。事实上，这只是一个开始，尤其是考虑到大多数人可能会在工作岗位上工作50年到60年。

那么，那些在职业生涯中求知若渴的毕业生们会怎么样呢？谷歌教育推广者杰米·卡萨普（Jaime Casap）说："当人们需要专业发展的时候，他们不会回到大学寻求帮助。相反，他们会求助于自己的公司或其他平台，如终身教育学习平台Degreed或可汗学院。所以，如果你在一个地方花了四年甚至更长的时间接受高等教育，那么这个地方必定对你的生活方向有极大的影响，学校是这样一个应该保持联系并汲取更多知识的地方。"

卡萨普讲述了他的女儿莱恩（Lane）的故事。莱恩两年前从大学毕业后，就再也没有和学校联系了。卡萨普想知道为什么毕业一年后她的女儿没有收到学校任何一封邮件，比如：

"嗨，莱恩，你今天在做什么？哦，你在纽约时报从事视频制作。我们刚刚浏览了你的成绩单，有一些你毕业后学到的技能的更新，这里有一个关于'制作技能'的进修课程。"或者，"我们注意到你没有学过新闻，也许在现在从事的领域，你可能想修一下新闻课。对了，顺便说一下，你们大学还有9个同学也住在纽约，他们也有兴趣上新闻课，你们为什么不一起参加呢？"虽然这似乎看起来很新奇，像是巨大的转变，但它帮助大学和毕业生在整个职业生涯中保持联系，这对双方都有利。

2. 大学应该和公司合作

虽有一些例外，但大多数学院和大学没有帮助应届毕业生充分做好就业的准备，也没有调整学位课程来帮助毕业生应对职场。尽管有超过600万个岗位可供选择，但刚出校门不久的大学毕业生仍在所学知识和工作之间苦苦挣扎。40%的人没有实现充分就业，不能将他们所学的知识运用到工作中。这是一个绝佳的机会，高校可以与公司更紧密地合作，了解劳动力市场的需求，了解学生成功所需的技能，缩小现有技能与雇主期望之间的差距。

即使毕业生如愿就业，他们通常也无法达到公司的期望值。根据美国权威工资收入调查机构Payscale的一项调查："超过一半的公司（60%）表示，大部分应届毕业生缺乏批判性思维能力和对细节的关注（56%），而44%的公司认为他们的写作能力存在缺陷，39%的公司对他们的演讲能力持批评态度。"大学有一个绝佳的机会与公司进行密切的合作，帮助缩小公司期望值和员工必备技能之间的差距。

俄勒冈大学的公共关系项目作为一个典范，展示了大学应该如何与公司进行合作，帮助应届毕业生为就业做好准备。大四学生最后一年的学习都是作为实习生在实体公司工作。学生们建立自己的工作档案，并将其提交给由公共关系专业的大学教授和行业专家组成的专家组。当他们完成这一年的工作，他们已经为实体公司做了一个真实的项目，他们在高压情况下练习演讲，并且收到了与他们工作有关的有价值的反馈。通过这一年的学习他们积累了必要的经验，为以后踏入真正的职场做好准备。

3. 大学应该使用新兴技术

一些大学在运用技术帮助学生学习方面的投入是巨大的。在线本科和研究生课程为学生在任何地方、以自己的节奏学习提供了机会。这对那些想获得硕士学位的人来说尤其有利，因为在线学习、在线与面授相结合的方式意味着他们不必为攻读MBA学位而离职两年。

在高等教育中，最高效的学习课程就是利用视频和协同工具帮助学习者向教授以及同伴学习知识。在这些情况下，学生沉浸在学习新科目、练习技能、获得反馈和反思所学内容（一个学习循环模型）中。而效率低下的课程则是让人们坐着听取毫无兴趣的在线内容，或者就只是把教授的上课内容上传到网上，让大家自学。尽管网络教育在质量上存在一些缺陷，但它越来越受欢迎，并可能最终取代一些相对传统的教学机构。

哈佛商学院教授、《创新者的窘境》（*The Innovator's Dilemma*）一书的作者克莱顿·克里斯坦森（Clayton Christensen）认为，在线教育最终会颠覆高等教育。当一个公司或行业开始过度服务其基础客户，并为新进入者提供"足够好"的解决方案创造空间时，"破坏性"的环境就产生了，这些解决方案通常对其他层次的客户来说更便宜、更容易获得、更方便。

高校通常会过分夸大雇主和学生的需求，这恰好给企业教育一个走上前台的机会，这个机会是颠覆性的。

克里斯坦森认为，终身学习的资格证书在未来教育将发挥巨大的作用。有一些工作不需要哈佛式的教育。所以，这就是资格证书的来源。他说："在高等教育中，我们看到这种现象，技能认证就是一个很好的例子，它展示了技能和证书的模块式，如同即插即用的组件，这对于传统学位是潜在的威胁。"

公司能做什么

许多公司清楚，他们雇用的应届毕业生并没有做好入职准备，而他们的公司培训又偏离重点，造成培训经费的浪费。事实上，公司有三种方法可以提高员工的技能：

- 公司处于新技术的前沿，这意味着它们可以比大学更快地帮助人们获得新技能。

- 人事部经理可以将技能作为评估求职候选人的新标准，而不是只看候选人的出身。

- 管理者与他们的员工一起工作，通过鼓励他们成长、学习和转变职业观来确保他们保持求知欲和参与感。

1. 公司快速培养劳动力技能

公司历来是教育和学习的消费者。他们依靠大学来培养雇员。然后，他们希望员工在工作中学习，并投入一些管理培训。但是，随着时代的加速发展，大学的教学无法跟上最新技术和方法的更替节奏。例如，当移动软件开发成为一项急需技能时，公司不能依赖大学来教授学生最新的移动技术，所以只能由他们自己从内部培养人才。

那么公司是否既是教育的消费者，也是教育的生产者呢？一些公司已经开始承担这样的角色了。例如，数十年来，通用电气而非哈佛大学一直以培养业内最优秀的领导者而闻名。一些最好的商业培训来自麦肯锡咨询公司，而非沃顿商学院。如果我们现在考虑网络安全、数字货币、深度学习和人工智能等技术，深入研究这些技术的公司可以帮助人们为某个专业领域培养技能，为整个行业而不仅仅是为公司本身培养人才。

2. 英雄不问出身——为真正的技能而雇用

人事部经理在未来的学习和技能方面扮演着重要的角色。他们是关键人物。如果管理者继续根据技能以外的信息进行招聘，例如员工读书的学校（比如斯坦福大学或哈佛大学）、成绩平均绩点，或者以前工作过的公司的名号（大型科技巨头之一），那么技能差距将持续存在。

领导者需要提升技能，并且提高员工的实际能力，而不是只看出身。有人在10年前获得了哥伦比亚大学的传播学或经济学学位，但这并不能说明他们现在的技能有什么价值，也不能说明他们实际上能做什么。人事部经理应该关注员工的能力和不断学习新事物的欲望——学习敏捷性尤为重要。

3. 一旦雇用，鼓励求知若渴

无论是刚毕业的大学生还是经验丰富的专业人士，管理者都需要不断激励员工，这样公司才能保持竞争力。这意味着理解每个员工在开始一项新的工作或任务时都会经历一个周期。

《建立一支一流的团队：发挥他们的优势，带领他们走上学习的道路》（*Build an A-Team: Play to Their Strengths and Lead Them Up the Learning Curve*）一书的作者惠特尼·约翰逊（Whitney Johnson）认为："在目前的角色中，每个人都处于学习曲线或S曲线上。从一开始缺乏经验，然后投入工作，到最后胜任工作。"公司可以通过了解员工在这条曲线上的位置来帮助员工保持求知欲和参与感。

曲线的低端，通常在工作前的6个月到1年之间，这一阶段的员工最缺乏经验，不知所措。约翰逊说："在给这段给定的时间内，应该有15%的员工或者团队处于经验不足的低谷，因为他们会质疑他们所看到的一切。而当他们质疑的时候，往往会去寻找更好的解决方式。所以这就是缺乏经验的曲线。"

在此阶段之后是曲线的接合阶段，这一阶段将会持续2年到3年。大多数人在这个阶段变得更有能力、更自信。约翰逊说："在任何给定的时间内，你都应该让团队中有70%的人在这段曲线上。他们知道自己有足够的能力，但不是特别清晰明了，所以他们的神经元仍在活动，尚未感到厌倦。管理这些人的方法是让他们做些有弹性的拓展任务。"

在曲线最后的掌握阶段，"你的员工非常明确地知道自己正在做什么，所有事情都变得简单明了。那个时候大脑不再享受学习带来的绝妙体验，它们会感到厌烦"。

为了让员工有学习和成长的欲望，掌握阶段的结束，意味着下一个曲线的开始。作为领导者和管理者，我们希望他们再次成为新手，开始质疑一切，充满求知欲。然后他们再次进入第二阶段，这个循环又开始了。

理想的劳动力是由70%的人处于最佳工作状态，15%的人处于缺乏经验的低端，15%的人处于掌握阶段。对于一家公司来说，如果打算对公司进行改革，应该把握好每个员工所在的曲线位置。太多人处于这条曲线的高端会导致无聊和自满。无聊和自满的人不会继续创新，他们只会妨碍公司的进程。

个人能做什么

通常，个人的成功既不来自大学，也不来自受雇用的公司。个人需要把教育和学习的主动权掌握在自己手中，并最终取得自己的事业和工作的成功。正如威利尔德所说，"幕后没有魔术师操纵或者考虑你的事业——一切都取决于你自己！"

内容的消费化和通用技能语言的标准化，带来了一些好处。人们可以不断地积累专业知识，用更少的费用接受高质量的教育，并因所学的知识获得荣誉，同时为他们当前的角色和未来的职业获得技能。有四种方法可以掌控自己的学习：

- 自我投资，学习专业知识；

- 把学习当作锻炼；

- 寻找导师和学习榜样；

- 创建学习档案。

1. 不断积累专业知识

对个人而言，最好的策略是不断积累技能和专业知识。个人需要掌控自己的职业前途和学习能力。万宝盛（Manpower）在2016年的一项调查中指出，93%的千禧一代员工愿意把自己的钱花在大学和雇主之外的培训上。领导者和管理者需要加强员工对自己的学习和职业自主权的信息管理，同时也要引导和帮助他们前进。

2. 把学习当作锻炼

有些人喜欢学习，就像有些人喜欢去健身房锻炼一样。如果你想要取得成绩，提升自己，那请努力吧。有时候学习会让你不舒服，甚至是一件痛苦的事情。学习和成长是艰难的，但是一旦养成了自主学习的习惯，那么思维方式的改善会让你身心舒畅。可汗指出，30~40年前，定期去健身房并不是主流。如果你在学校参加体育项目，你可能会去，但当你离开学校后，大多数人不会定期去健身房。然后，在20世纪80年代，人们的心态发生了转变，去健身房成为人们日常生活的一部分。可汗说："我认为这是一个直接的类比学习。"

像Degreed和可汗学院这样的技术可以成为你学习的"健身房"——一种锻炼大脑的方式。可汗说："最重要的就是预留出一定的时间，就像定期去健身房一样，告诫自己'我每天要学习30分钟'。现在学习起来更容易，因为你可以在手机或任何设备上学习，甚至可以一边锻炼一边学习，流向大脑的氧气对学习很有帮助。"

3. 寻找导师和榜样

如果你请教成功人士，什么对他们的职业生涯影响最大，你会经常听他们说到导师和榜样。许多公司试图创建辅导计划，但收效甚微。《颠覆式成长》（*Disrupt Yourself: Putting the Power of Disruptive Innovation to Work*）一书的作者约翰逊同时是一名执行教练，她认为找到合适的导师和约会是一个相似的过程：必须具备某种程度的化学反应。"在某种程度上，这是一种约会式的关系。我认为作为一个导师，如果你想在一个人身上花时间的话，那么这个人身上一定有某些特质或者价值值得你投入精力。通常情况下，这个人身上有闪光点，并与你非常契合，所以指导他们是很有趣的事。追求美好事物的渴望，也使得你想帮助这个后辈。在指导的过程中，也赋予了你一些创造精神财富的机会。"

技术使人们更容易摆脱传统导师制的一些局限性。例如，MasterClass网站提供了篮球运动员斯蒂芬·库里（Steph Curry）和女演员海伦·米伦（Helen Mirren）的课程。约翰逊说："我报名参加海伦·米伦的表演课，不是因为我想成为一名演员，而是因为我认为表演课有助于提高我的公众演讲水平。她在指导我吗？嗯，是的。我认为是指导。无论是有声读物还是网络研讨会，我们都能从中得到指导。但是就我个人而言，我觉得这些方式更像是一次性的。"

4. 创建学习档案

在专业技能经济中，技能才是王道。知识经济中的知识型员工无法告诉你，他去年学到了什么。那么，该如何谈论自己的技能，如何展示每年、每月、每天学到的东西？在职业生涯中，又如何学习和掌握技能呢？

学习并不在于你是否拥有大学学位，而在于你能否运用所知创造价值。Degreed可以帮助你创建学习档案，以便你挖掘、追踪和评估你所有正式和非正式的学习过程。

你可以将正式学位信息添加到你的个人资料中，也可以添加日常学习的其他内容，比如最近阅读的文章、喜欢的博客或书籍——所有可获得的非正式学习。Degreed的学习档案还可以追踪你的职业生涯学习证书。它可以帮助你查看所拥有的技能、所需的技能，以及正在培养的技能。你可以把学习档案作为一个"个人透视镜"来跟踪你的职业目标，或者用它来向你的经理、同事或者潜在的雇主展示你有什么技能，以及你能做什么。

学习档案不是要取代大学学位。相反，学习档案有助于你交流职业生涯中所学到的和正在学的技能。未来并不在乎你是如何成为专家的，而是，你是否能成为专家。你将在一生中不断地积累技能，而学习档案就是展现这些技能的绝佳方式。

继承地球的学习者

不断发展专业技能是未来的趋势，在这个趋势下，我们将共同学习，这使我们能够在这个日新月异的世界中保持竞争力。美国哲学家埃里克·霍弗（Eric Hoffer）说："在瞬息万变的时代，只有不断学习者才能继承地球。时代变化如此之快，即使是知识渊博的人也有可能发现他们在为一个已不复存在的世界做着充分的准备。"

我们都在某种程度上受到了学习和教育的影响。优秀的教师、领导者和导师帮助我们塑造世界观，并在学习过程中影响我们。公司则能够在我们生活的这种转变中起到重要的作用，也能够在完善学习和教育机制发挥巨大的作用——为每个希望和需要学习和教育取得成功的人提供服务。

教育不仅带来物质上的成功，而且有助于解决世界上最紧迫的问题。在专业技能经济中，我们都有责任相互帮助、相互指导，合力创造共赢的局面。

反侵权盗版声明

电子工业出版社依法对本作品享有专有出版权。任何未经权利人书面许可，复制、销售或通过信息网络传播本作品的行为；歪曲、篡改、剽窃本作品的行为，均违反《中华人民共和国著作权法》，其行为人应承担相应的民事责任和行政责任，构成犯罪的，将被依法追究刑事责任。

为了维护市场秩序，保护权利人的合法权益，我社将依法查处和打击侵权盗版的单位和个人。欢迎社会各界人士积极举报侵权盗版行为，本社将奖励举报有功人员，并保证举报人的信息不被泄露。

举报电话：（010）88254396；（010）88258888

传　　真：（010）88254397

E-mail：　dbqq@phei.com.cn

通信地址：北京市万寿路 173 信箱

　　　　　电子工业出版社总编办公室

邮　　编：100036